这样玩

孩子 智商高 情商高

程玉秋 —————— 主编

人力资源和社会保障部教育培训
中心早教项目特约讲师

中国纺织出版社有限公司

图书在版编目（CIP）数据

这样玩孩子智商高情商高／程玉秋主编．--北京：
中国纺织出版社有限公司，2019.11
　ISBN 978-7-5180-6523-3

　Ⅰ．①这…　Ⅱ．①程…　Ⅲ．①智力游戏－儿童读物
Ⅳ．① G898.2

　中国版本图书馆 CIP 数据核字（2019）第 179499 号

主　编　程玉秋
编委会　程玉秋　石艳芳　张　伟　石　沛　赵永利　姚　莹
　　　　王艳清　杨　丹　余　梅　李　迪　熊　珊

责任编辑：傅保娣　　责任校对：韩雪丽　　责任印制：王艳丽

中国纺织出版社有限公司出版发行
地址：北京市朝阳区百子湾东里 A407 号楼　邮政编码：100124
销售电话：010 － 67004422　传真：010 － 87155801
http://www.c-textilep.com
中国纺织出版社天猫旗舰店
官方微博 http://weibo.com/2119887771
天津千鹤文化传播有限公司印刷　各地新华书店经销
2019 年 11 月第 1 版第 1 次印刷
开本：710×1000　1/16　印张：12
字数：162 千字　定价：55.00 元

有一句古话说得好，"夫望子成龙，子把父作马"。每一位父母都十分关心孩子的未来，希望自己孩子的明天能一片灿烂光明。不少父母可能在刚刚怀孕时，便开始规划孩子的将来，从孩子降生到这个世界，就已经开始各种各样的教育和培养了，真是将"不要让孩子输在起跑线上"这句话演绎得淋漓尽致。

在这里，我不去评价类似这样家长的做法是对还是错，只想问一句：这样拔苗助长似的教育和培养，真能够确保自己的孩子变得更聪明、更优秀，并因此有一个光辉的前程吗？

并非如此，卢梭曾经说过："教育即生长。"

什么意思？

简而言之，就是说对孩子的教育和培养，是需要遵循孩子不同年龄阶段的生理和心理的。换而言之，这就是我们常说的要尊重孩子的天性。

我们要想让孩子得到更好的成长，变得更聪明、更优秀，就必须遵从孩子的天性。孩子的天性是什么呢？爱玩，对新鲜的事物有着强烈的好奇心。可以这么说，在教育培养孩子时，尤其是3岁之前的孩子，家长更应尊重孩子爱玩的天性，让孩子在玩中了解自我、了解身边的新鲜事物、了解充满神奇色彩的世界。唯有如此，我们才能保持孩子

1

的好奇心以及探索的兴趣，孩子才能在长大后，积极、主动、快乐地去学习更多的知识。

那么，应该怎么去玩呢？跟孩子一起游戏，就是最好的选择。帮助家长在与孩子一起游戏过程中有效地促进孩子智商、情商的发展，就是编撰本书的主要目的。

本书有以下特点：

1. 针对从刚出生的婴儿开始，直到上幼儿园的孩子智力成长黄金期，再进行细分，列出每一个时间段孩子的生理及心理特点，并提供具有目标性能力与素质培养的亲子游戏，以供父母选择与孩子一起玩，真正地做到让孩子在玩中学习，在玩中成长，开发智力，提高情商。

2. 列举的游戏，所需要的道具和器材，皆是日常生活中常见的一些物件，如孩子平时玩的玩具、纸箱、纸盒以及空矿泉水瓶等。父母在与孩子游戏的同时，要一起动手去做道具，使得亲子关系变得更融洽。

3. 每一个小游戏都有详细的步骤说明、注意事项以及所带来的效果和目的。

因此，这是一本简单而快乐，让家长能够从孩子出生开始，一直可以玩到孩子上幼儿园的益智亲子游戏书。

程玉秋

2019 年 6 月

第二章 **妈妈与4~6个月宝宝一起玩的游戏**

第三章 **妈妈与7~9个月宝宝一起玩的游戏**

第四章

妈妈与 10~12 个月宝宝一起玩的游戏

第五章

妈妈与 1~1.5 岁宝宝一起玩的游戏

第六章

妈妈与 1.5~2 岁宝宝一起玩的游戏

第七章

妈妈与2~3岁宝宝一起玩的游戏

教育孩子最佳的方式
便是陪孩子一起玩

0~3岁，是宝宝的敏感期，也是黄金发育期

就每一位父母而言，都希望自己的宝宝聪明活泼，学习好、成绩好，能拥有一个美好的将来。正因为如此，自宝宝降生之际，他们就开始给宝宝规划人生，实施或者给宝宝的教育作计划，希望能通过一条有效的途径去提高宝宝的智商、情商。其实，要想让宝宝变得更聪明，智商、情商更高，父母需要把握好宝宝0~3岁这一阶段。

因为0~3岁这一阶段，是宝宝的敏感期，也是黄金发育期。现代科学研究表明，宝宝在出生时，脑重量一般为350~400克，智力是成年人的25%；宝宝的智力到了第6个月则迅速发展为成年人的50%，1岁的时候就达到了成年人的66%左右，而3岁则达成年人的80%左右。这也就是说，宝宝在3岁的时候，智力、体能、个性能已经定型80%左右。

父母如果忽略宝宝的早期教育，不予以正确的引导，可能会延误宝宝大脑生长发育期的开发。宝宝的脑组织结构趋于定型后，再进行开发就会有所限制，即便宝宝有着优异的天赋，也难以获得良好的发展。

　　美国著名的早期教育专家布鲁姆曾做过一个实验，他对近千名婴儿进行了长达20年的跟踪研究，得出了一个结论：如果一个人的智力为100，在8岁时进行开发，只能开发出20%；在4岁时开发却能达到50%，而更大的潜能开发在3岁以前。

　　蒙台梭利教育法的创始人、意大利教育家蒙台梭利曾经说："儿童出生后头3年的发展，在其程度和重要性上，超过儿童整个一生中的任何阶段……如果从生命的变化、生命的适应性和对外界的征服以及所取得的成就来看，人的功能在0~3岁这一阶段实际上比3岁以后直到死亡的各个阶段的总和还要长，从这一点上来讲，我们可以把这3年看做是人的一生。"

　　由此可见，宝宝的早期教育不可忽视。可以这么说，宝宝在0~3岁所受的教育会影响他们的一生。在我国流传的"三岁看大，七岁看老"这句俗语，对此就作出了有力的诠释。

爱玩是宝宝的天性，
也是宝宝心智成熟的过程

　　"早教"，并不是填鸭式地教给宝宝什么，而是在陪伴宝宝的过程中，把握儿童敏感期的反应特点，跟宝宝玩，让宝宝在玩的过程中，提高相关的能力。

　　例如，3岁以前是宝宝口头语言的敏感期。在这段时间内，他们最喜欢妈妈的声音；对于妈妈声音的识别也最敏感；在听懂妈妈的声音后，会做出动作反应，慢慢地才有语言表达。

　　此阶段，为了培养宝宝的语言能力，最好的方式就是陪宝宝玩，跟宝宝做游戏。例如，在给宝宝喂奶的时候，妈妈可以轻轻地拍打或哼唱一些儿歌，即便是发出一些咿咿呀呀的音节，去跟宝宝交流，也能锻炼宝宝的语言发育能力。而当宝宝稍微大一些、能简单地说一些词语的时候，边唱儿歌边做着相应的游戏，能达到很好地训练宝宝语言理解及语言表达能力的效果。

　　事实上，宝宝是在玩的过程中认识这个世界的。爱玩可以说是他们的天性，因为这个世界上有太多的东西对他们来说是神奇的、陌生的，他们想要了解他们。宝宝在玩的过程中，才能感知、认识到不同事物的软硬、大小、凉热、颜色、方圆、光滑与粗糙等各种特性，熟悉环境中各事物的性能、功用等属性，从而达到认识世界和适应环境的目的。而这一过程，恰恰是他们心智成长的过程，也是他们智力或者情商得以开发的过程。

游戏，
是激发宝宝潜能的最佳方式

德国教育家、"幼儿园之父"福禄贝尔曾说过："儿童早期的各种游戏，是一切未来生活的胚芽。"

在他看来，游戏也是学前教育的一个主要内容，是儿童认识世界的最自然最合理的途径。为此，他专门设计了一系列的游戏，通过六个不同颜色的小球和立方体、球体、圆柱体的玩具，让儿童借此认识事物的颜色、形状及其关系。

众多的教育专家认为：陪同宝宝做游戏是开发宝宝智力、提升宝宝情商的最有效的途径。在实际的生活中，越来越多的父母也已经意识到了这一点。因为：

1. 在游戏的过程中，妈妈与宝宝的互动，如轻抚及轻声的语言交流等，能让宝宝感受到妈妈对他的关爱，是一种爱的教育，可以促进宝宝智力及情商的发展。

2. 游戏中欢乐愉快的氛围，给宝宝创造了良好的生长环境，也为宝宝智力和情商的发展提供了快乐的环境因素。

3. 在游戏的过程中，宝宝是用自己的感知去体验和认识这个世界的，玩游戏能培养、开发宝宝的创新精神及思考能力等。例如，在一些游戏中，宝宝要及时作出某种反应判断，并且做出相应的动作，这有利于培养宝宝的思考及快速反应判断能力。

4. 在游戏的过程中，有趣的体验能引起宝宝的好奇心，激发宝宝的求知欲望，而强烈的兴趣及求知欲则是宝宝打开智慧大门的金钥匙。

5. 带有一定目的和针对性的游戏，在妈妈的引导下，可以激发宝宝在成长过程中某些能力的提升，让宝宝的智商和情商得到平衡发展。

游戏，要符合宝宝不同时期的生理发育特点

"一把钥匙开一把锁"，就如同这句话所说，虽说游戏对宝宝智商、情商的发展有着诸多的好处，但妈妈只有根据宝宝不同时期的生理、心理发育特点，才能真正地达到事半功倍的效果。

例如，宝宝在十个月的时候，才学会扶住站立，此时选择在户外快步走、奔跑之类的游戏，就极其不适宜了，不但不利于锻炼宝宝的腿部力量，促进脑细胞的生长发育，反而还会给宝宝的正常生长发育带来隐患。在这个时候，适合宝宝的是扶着物体缓慢站起、站立、扶走的游戏。

又如，一般来说，宝宝在 2 岁左右才能说一些简单的话，而妈妈在这之前，就让他背诵一些唐诗宋词，虽说出发点是好的，但是宝宝连话都说不清楚，能做到吗？

像这样，不仅难以培养宝宝的语言表达能力，宝宝还可能因为不会背，变得情绪不稳定；严重的话，还可能会影响到宝宝的自信心。

注重游戏道具和场地的选择

除了游戏要符合宝宝不同时期的生理发育特点外，还要正确选择游戏的道具和场地。

游戏道具的选择

符合宝宝不同时期生长发育的特点

如在 3 个月之前的宝宝，听觉和视觉开始集中。此时，最适宜他们的就是色彩较为鲜艳的玩具，如大彩球、摇铃、红旗等。当宝宝 4~6 个月的时候，视线能追视活动的玩具和走动的人，对声音有定向反应，手的动作由没有目标和方向伸出挥动到学会抓握悬挂的玩具，两手摆弄玩具，翻身取玩具。此时，选择的玩具，不仅要色彩鲜艳、有声响，还要便于婴儿学习抓握且无毒不易咬坏，如带手柄的响铃、无毒的橡塑玩具、布制玩具等。

这是妈妈在跟宝宝游戏时，必须要考虑的问题，因为宝宝探索世界的方式和大人不同，除了去玩去看去听，还会去闻一闻，甚至把玩具放到嘴里咬，使劲敲打。所以，在选择游戏道具的时候，妈妈一定要考虑到是否存在安全隐患，对于一些颜料容易剥脱、边角锋利或有毛刺的，就不应当予以考虑。

安全可靠避免伤害到宝宝

充满趣味可以与宝宝一起动手去做

这也是在选择游戏道具时，较为重要的一点。不管做什么游戏，首先要让孩子感兴趣。

游戏场地的选择

妈妈与 0~3 岁宝宝之间的亲子游戏，在选择游戏场地的时候，应该考虑到以下两点。

1 宝宝生长发育时的特点

2 场地的安全

对相对小的宝宝来说，多选择室内，稍大一点后，再逐渐多一点户外游戏。

在室内，如果是大动作游戏，空间要相应的宽敞一些，旁边不要有棱角的家具或者可能给孩子带来危险的物件。而在室外，无论是做何种游戏，其场地都要平坦、宽敞，另外要注意过往的人群与车辆。

熟悉游戏引导的艺术

在游戏的过程中，妈妈的引导起着关键性的作用。因为，只有妈妈善于引导，宝宝才会对游戏感兴趣，才能体会到游戏的快乐，在游戏中感知和认识世界，锻炼自己的能力，从而促进思维的发展，提高智商与情商。

那么，作为妈妈应该怎样去引导呢？

要将自己变成孩子，拥有一颗童心

那些让宝宝感兴趣，并且乐此不疲的游戏，在成年人看来往往是索然无味的，甚至可能有些无聊。在这里，要提醒妈妈们的是，千万不要有这种想法。人的行为在很多时候会受到意识的支配。你觉得宝宝玩的游戏无趣，一些不良的情绪就可能会表现出来。虽说宝宝小，但是他们的感知是十分敏锐的，能感受到你的这种情绪，而在这种情绪的影响下，他们又怎么能真正地体会到游戏的乐趣，会将游戏继续下去呢？

倘若，妈妈能多一份童心，少一些成人的思维，让自己变得跟孩子一样，一起去玩，一起笑，那么给予宝宝的感觉是截然不同的。他们不但会喜欢跟妈妈一起玩游戏，对于妈妈的信任、信赖感也会变得更强。

做好示范和引导

可以让孩子自己先探索，孩子拿到玩具时先给他一个研究的过程，通过他自己把弄，结合他的生活经验，他会自创出玩具的玩法。孩子天生就是一个游戏家。此时，家长需细心观察，再结合自己的思路，给孩子示范和引导。

示范，就是先给孩子做一遍，让宝宝对所做的游戏感兴趣；引导，则是让游戏朝着妈妈想要的目的进行。

在示范的时候，为了吸引宝宝的注意力，让宝宝对所做的游戏产生兴趣。妈妈应当做得好玩、有趣一些，如做鬼脸，故意做一些看起来很夸张的动作，另外还可以借助声音，如儿歌、音乐等。

在引导的过程中，要鼓励宝宝独立去做，可以采用一问一答的方式，刺激宝宝的思维，让宝宝去感受、认知。例如，本书中的"看图说画"这一游戏，是为了开发和训练宝宝观察力、分辨力及语言组织能力的，其玩法就是妈妈在游戏中通过提问引导，让宝宝把图片中的内容说出来。可以这么说，同样的游戏，做不做引导，或者如何去引导，其所达到的目的也是不一样的。如果只是单纯地让宝宝去看图，而不用问题来引导的话，宝宝是很难掌握到更为丰富的语言词汇、强化语言表达能力的。

鼓励宝宝独立游戏，少批评、多鼓励

在和宝宝游戏时，虽说需要互动，需要妈妈示范、引导，但是当宝宝对所做的游戏感兴趣，玩得高兴时，妈妈就应该让宝宝在游戏中占据主导地位，即让宝宝自主游戏。唯有如此，宝宝才能对游戏有着深切的感受，达到游戏的真正目的。

另外，宝宝在游戏中出现错误及总是做不好时，妈妈也不应批评指责他，而是应当安抚、鼓励；正确引导，在表现不错时，予以肯定，给予夸奖、称赞。这样，宝宝才能更有信心、兴趣将游戏进行下去。像这样，不仅仅能激发宝宝的潜能，还有利于优秀品格的培养。

第一章

妈妈与 0~3 个月宝宝一起玩的游戏

0~3个月宝宝
生长发育特点

1 个月宝宝

身体特征

脖子短，颈部力量较弱，还不能完全支撑头部力量；胳膊、腿总是呈屈曲状态；两只小手握拳，肚子呈圆鼓形状。

能力发育

视觉功能较弱，只能看清距离自己25厘米左右的物体；出生后3~7天，听觉逐渐增强，听见响声可引起眨眼等动作；嗅觉很灵敏，闻着母乳的香味会寻找乳头；能够对不同的味道做出不同的反应；触觉也很敏感。

离开母腹的第一声啼哭，即是第一次发音，并表明发音器官已经为语音的发生做好了最基本的准备。满月时，有的宝宝可以发出"i""o"等元音。

有较完善的觅食、吸吮、吞咽、握持等非条件反射。受到惊吓时，会拱背和腿，并伸出手臂。喜欢看人脸、嘴巴，爱与人交流"咿咿呀呀"，很认真地对话。

2 个月宝宝

感知能力

两手不再为握拳状，而是时常张开；直立抱起时，头可以直立一会儿，趴着时，头能从一侧转向另一侧，面部与床头可达到 45°，并维持几秒钟。

能力发育

宝宝的视力有所发展，喜欢注视颜色鲜艳的物体；对妈妈的声音很熟悉了，可以辨认出妈妈声音，对熟悉的音乐也有表情反应；能辨别不同的味道，对难吃的食物表现出明确的厌恶。

宝宝已有说话的意愿，妈妈和宝宝说话时，宝宝的嘴巴会微微翘起、伸向前；逗宝宝时，宝宝会笑，还会发出"啊""呀"的声音。

宝宝的许多运动仍然是反射性的，不过很多宝宝已经开始尝试着抬起头并四处张望；虽然踢腿动作大多是反射引起的，但是力量在不断增加；手指还不会分开，喜欢把小拳头放在嘴边吸吮。

宝宝看到父母的脸时会表现出愉快、兴奋的神情，能够用手舞足蹈、笑来表达自己的快乐。

3 个月宝宝

身体特征

宝宝的握持反射逐渐消失，开始出现无意识的抓握，双手握在一起放在胸前玩；头可转动 180°，趴卧时胳膊支撑胸部，可抬离床面。

感知能力

宝宝的眼睛更加协调，视线能够转移了，喜欢看移动的物体，比如跑来跑去的小猫、滑动的小汽车；已经认识妈妈了，看到妈妈朝自己走来会显得急于亲近；会认真地听讲话声或者特别的声响。

语言能力进一步发展，宝宝高兴时会发出"哦""啊""呀"的声音，越快乐的时候发出的音就越多；如发起脾气来，哭声也会比平常大得多。

能力发育

宝宝的头可以抬高，开始依靠上身和胳膊的力量翻身，但需要妈妈的帮助才能全身翻过去；开始学着吸吮手指。

宝宝会对亲人微笑，用微笑与妈妈交流，同时还会用咯咯笑引起妈妈的注意；用手舞足蹈来表示自己的快乐。

宝宝会听声辨方向，可以识别奶瓶，看到大人拿奶瓶就知道要给自己喝水或喝奶，会等待或表现兴奋。

小眼睛追红球

游戏道具	提线小红花或红球一个	游戏时间	宝宝睡醒，情绪较为安静时	游戏场地	室内，床上或垫子上

游戏步骤

1 在宝宝醒来后，让宝宝平躺在床上或垫子上。

2 妈妈手提小红花或红球，让宝宝看到，并引起注视。

3 在离宝宝眼睛 25~30 厘米处，沿水平方向移动小红球或小红花，慢慢地从从一边移到另一边，引孩子的眼和头部追随小球移动。

4 游戏结束时，亲吻宝宝，并且给宝宝一个温暖的拥抱。

对宝宝的益处

观察力是智力的一种表现形式，妈妈跟宝宝玩这个游戏的目的是，让宝宝把视线固定在某一固定物体上；通过眼睛追小球的游戏，来训练宝宝视觉追踪能力，促进宝宝注意力和观察力的发展。

游戏结束时，妈妈对宝宝的亲吻以及拥抱，传递出的是妈妈对宝宝无私的爱。而这一举动有利于提高宝宝的情商与智商。

注意事项

- 避免宝宝视觉疲劳。
- 游戏时间不宜过长。
- 注意观察宝宝的面部表情，当宝宝出现情绪不稳定时，应立即停止游戏。

猫咪去哪儿了

听力、视觉
集中能力的训练

游戏道具	玩具小猫或其他的玩具	游戏时间	宝宝睡醒，情绪较为安静时	游戏场地	室内，床上或垫子上

☀ 游戏步骤

1 在宝宝醒来后，让宝宝平躺在床上或垫子上。

2 妈妈手拿着玩具小猫，在宝宝眼前边晃动边说："喵喵，小猫来了。"

3 妈妈把玩具小猫收在身后或其他的地方，然后晃动空着的双手，说："宝宝，喵喵哪儿去了"。

4 在宝宝扭头寻找时，将玩具小猫拿出，在宝宝眼前轻轻晃动，说："喵喵，宝宝，小猫咪在这儿。"

♥ 对宝宝的益处

在跟宝宝玩这一游戏时，声音以及玩具小猫的移动，能锻炼宝宝的听觉及视觉集中能力。

另外，在游戏的过程中，妈妈还可以用手轻轻地触抚宝宝，引宝宝发笑。

注意事项

动作应尽量的迟缓，尤其是在将玩具小猫拿出来的时候，不要太突然。

- 控制好游戏时间，时间不要太长。
- 当宝宝出现厌倦的神情时，应立即停止游戏。

黑白映画

颈部运动、视觉感知、观察力及注意力的初步训练

游戏道具	黑白相间的条纹或方块图案	游戏时间	白天，宝宝睡醒后，精神及心情较好时	游戏场地	室内

☼ 游戏步骤

1 将事先准备好的游戏道具放在一旁。让宝宝平躺。

2 拿起道具：黑白相间的条纹或方块图案，放在距宝宝眼睛 19cm 的地方，边移动边唱儿歌："黑框框，白框框，动一动，晃一晃，宝宝看，看清了"。

3 将黑白图案晃动 2~3 次后，停下来约 5 秒，再转动，以吸引宝宝转动颈部，去追看。

♡ 对宝宝的益处

通过黑白颜色刺激视觉神经发育，可以锻炼宝宝的颈部运动能力，以及视觉的集中和追视能力。人都是用眼睛去观察和认识世界。跟宝宝玩这样的亲子互动游戏，既有利于开发宝宝的观察力和注意力，又为宝宝今后的学习成长奠定了良好的基础。

注意事项

- 出生 3 个月内的宝宝，尤其是新生儿，颈部虽然能转动，但力量还十分弱，因此，妈妈在转动黑白图案的时候，动作应尽量慢些。
- 要掌控好时间，控制在 1~2 分钟较为适宜。

拉窗帘、开窗帘

光线适应能力、视觉反应能力训练

游戏道具	无	游戏时间	白天，阳光较为充足时	游戏场地	室内，对着窗口的地方

☼ 游戏步骤

1 将宝宝放在婴儿车中，仰卧，并推至窗口附近，对着窗口的地方。

2 缓慢地拉上窗帘，同时注意观察宝宝的表情。同时说"拉上"。

3 窗帘全部拉上后，光线暗淡下来，陪宝宝待上十几秒。

4 慢慢拉开窗帘，边拉窗帘边观察宝宝的表情。同时说"拉开"。

5 反复拉开窗帘 3~5 次后，游戏结束。

▽ 对宝宝的益处

处在这一阶段的宝宝对光线十分敏感，通过窗帘的拉、开，让室内的光线产生变化，可以进一步锻炼宝宝的视觉反应能力及对光线的适应能力。

注意事项

避免阳光直接照射到宝宝的脸，以免对宝宝的视力造成伤害。

在游戏的过程中，要时刻注意宝宝的情绪变化，当宝宝出现不安的情绪，甚至哭闹时，应及时停止游戏，进行安抚。

拨浪鼓，摇啊摇

听觉、声音敏感度及精细动作能力的训练

游戏道具	拨浪鼓或摇铃小玩具	游戏时间	环境相对安静，宝宝情绪稳定时	游戏场地	室内

☀ 游戏步骤

1 拿起拨浪鼓在宝宝面前轻轻摇晃几下，发出声音，以引起宝宝的注意。

2 拿起宝宝小手，帮助宝宝握住拨浪鼓，边轻轻摇晃边说儿歌："拨浪鼓，摇啊摇，邦邦邦；宝宝摇，宝宝笑，哈哈哈。"

3 在说到"邦邦邦"时，轻轻摇晃拨浪鼓，然后停顿一下，接着说"宝宝摇，宝宝笑"，接着停顿一下，看着宝宝说"哈哈哈"，逗引宝宝笑。

4 在摇晃拨浪鼓的时候，可以在宝宝眼前、背后、左侧、右侧不同的地方发出声音，用声音吸引宝宝的注意力，让宝宝朝发出声音的方向转头。

注意事项

- 0~3个月的宝宝耳膜非常脆弱，为了防止损伤宝宝听力，在摇拨浪鼓的时候，不要太用力，幅度也不要太大。
- 在游戏的时候，环境不要过于嘈杂，一定要保持相对的安静。

♡ 对宝宝的益处

拨浪鼓，是我国民间传统的玩具和乐器，其声响节奏富有变化且造型独特，很受孩子的喜欢。让宝宝玩这一游戏，不仅能有效提升孩子对声音的敏感度和节奏感，还可以锻炼孩子的抓握能力以及手指和手腕的活动能力。

这样玩 孩子智商高 情商高

挠痒痒

身体敏感度
及对自我身体的
初步认知训练

游戏道具	无		游戏时间	白天，在宝宝睡醒后		游戏场地	室内，床上或婴儿摇篮内

☼ 游戏步骤

1 让宝宝仰卧在床上或摇篮内。

2 轻轻叫喊宝宝的名字，以引起宝宝的注意。

3 隔着衣服，用手指轻轻地挠宝宝的肚皮。边挠边笑着轻声哼儿歌："咯吱、咯吱，宝宝笑嘻嘻……"

4 在宝宝发出笑声后，稍微停顿一下，接着轻挠宝宝肚皮的两侧。

☉ 对宝宝的益处

在宝宝出生后，妈妈对宝宝身体的接触，如拥抱、亲吻和抚摸等，不仅能给予宝宝安全感和信任感，还可以刺激和促进宝宝身体感觉器官的发展，让宝宝的身体敏感度得到提高，反应变得灵敏。而更为重要的是，此时的抚摸，能够让宝宝对自我的身体有一个初步的认知，有利于自我意识的形成。

注意事项

- 妈妈要剪短指甲，并且确保指甲没有棱角，以免划伤宝宝细嫩的肌肤。
- 确保手部温度的暖和，不要用凉手去抚摸宝宝的肚皮。
- 在挠痒痒时，动作幅度要轻柔，以防止宝宝大笑过度引起窒息。

第一章 妈妈与0～3个月宝宝一起玩的游戏

宝宝学唱歌

发音及语言
能力的初步训练

| 游戏道具 | 无 | 游戏时间 | 宝宝醒来，精神状态好时 | 游戏场地 | 室内 |

✿ 游戏步骤

1 妈妈抱着宝宝，与宝宝面对面。面带微笑，注视着宝宝。

2 一只手轻轻地拍打着宝宝，自编自哼着："咿咿呀呀，咿咿呀呀……"音节简单的调子，反复地唱给宝宝听。

3 引导宝宝学着哼唱，当所唱的音节正确时，便亲一下宝宝，以示奖励。

4 在宝宝渐渐熟悉后，跟着宝宝的曲调，跟宝宝一起哼唱。

☯ 对宝宝的益处

　　0~3个月的宝宝，虽然还不能说话，但已经能发出一些简单的音节来表达自己的意思，与人交流。此时，为了开发孩子的语言能力，妈妈应该多与宝宝进行语言上的交流，多跟宝宝做类似上面的游戏，这不但能提高宝宝说话的热情，对宝宝的语言及交往方面能力的开发也是非常有益的。

注意事项

- 妈妈自编的曲调，音节一定要简单，所发的音最好是短音，并且有一定的节奏性。
- 在游戏的过程中，为了引起宝宝的兴趣，在哼唱儿歌的时候，还应配以相应的动作来表示节奏。

美妙的铃声响起来

游戏道具	小铃铛或其他能发出声响的小玩具	游戏时间	在宝宝清醒，并且环境相对安静时	游戏场地	室内，床上或垫子上

☀ 游戏步骤

1 当宝宝醒来、精神状态较好的时候，拿出小铃铛在宝宝的侧面轻轻摇晃，发出清脆的"叮叮叮"。

2 宝宝在听到声音后，找到发出声音的小铃铛，出现兴奋的表情后，停止摇晃铃铛。

3 换一个方向摇晃铃铛，宝宝寻声看到铃铛后，停止晃动（以上动作重复3~5次）。

♡ 对宝宝的益处

在宝宝生长发育的过程中，听觉比视觉发展要早，所以妈妈要注重孩子的听觉训练。在这个小游戏中，小铃铛发出的声音较为清脆悦耳，妈妈在宝宝的身边不断地晃动小铃铛并发出声音，可刺激宝宝的听觉，提高宝宝对声音的敏感度。

注意事项

- 在摇晃铃铛的时候，不要距离宝宝耳朵太近，以免损伤宝宝的听力。
- 如果宝宝对摇晃铃铛所发出的声音没有注意，妈妈可以轻声喊宝宝。
- 玩了一段时间后，宝宝失去了兴趣，就不要再继续下去。

第一章 妈妈与0~3个月宝宝一起玩的游戏

宝宝体操

下肢活动能力、空间知觉的初步训练

游戏道具	无	游戏时间	宝宝醒来，精神状态较好时	游戏场地	室内，床上或婴儿摇篮内

🌞 游戏步骤

1 让宝宝双腿伸直，舒舒服服地仰卧在床上或婴儿摇篮内。

2 轻轻握住宝宝的脚腕，慢慢地活动脚腕、膝关节及下肢。

3 抬起宝宝的双脚，与床面呈45°左右，然后帮助宝宝屈伸左腿，至腹部。

4 拉回宝宝的双脚，使双腿伸直，与床面呈45°；然后放下宝宝的双脚，让宝宝恢复到1的姿势。

5 换右腿，重复3、4的动作。

🛡 对宝宝的益处

此游戏能够让宝宝的下肢得到很好的运动，可锻炼宝宝下肢的活动能力。妈妈在游戏中所唱的儿歌，可促进宝宝的空间知觉及语言能力的发展。

注意事项

在游戏的过程中，为了能缓解宝宝紧张和不适，妈妈可以选择播放儿歌，或者是自己哼唱自编的儿歌，如"小宝宝，真正棒，抬抬腿，做体操，真漂亮"。

- 在帮助宝宝运动的时候，妈妈不应太过于用力，而是要结合宝宝的身体运动，否则会让宝宝产生抵抗的哭闹情绪。
- 如在游戏中发现宝宝紧张、烦躁，应停止游戏，改用抚摸来安抚宝宝的情绪。

欢快的"手舞蹈"

触觉感知、听觉及乐感的训练

游戏道具	手机或电脑，播放器	游戏时间	宝宝情绪较稳定且环境相对安静时	游戏场地	室内

游戏步骤

1 把宝宝抱坐在膝盖上，播放已经准备好的曲子。

2 跟宝宝安安静静地听一遍。

3 曲子播放完后，接着播放，并随着音乐的节奏轻轻晃动宝宝的小手，做摇摆、上下挥动或拍手等动作。音乐节奏快，动作可以快些；音乐轻柔而舒缓，动作相应放慢。

注意事项

- 所选择的曲子，建议选择轻快、舒缓类的儿歌，如《数鸭子》《拔萝卜》等。
- 播放音乐时，音量不要过大。每次播放时间控制在5分钟左右较为适宜。
- 在游戏过程中，将自己愉悦的情绪传递给宝宝，注意动作要与音乐合拍。

对宝宝的益处

有研究表明，孩子早期接触音乐，对记忆力、注意力和语言能力有直接的促进作用，可以开发和提升孩子的智商。通过这一游戏，妈妈不但能让宝宝受到音乐的熏陶，使宝宝的听力、节奏韵律感和感受能力得到提升，还因为伴随着音乐节奏的"舞蹈"，让宝宝手臂间的运动协调能力得到了较好的训练。

大嘴巴河马

游戏道具	无	游戏时间	宝宝睡醒，精神状态较好时	游戏场地	室内，床上或婴儿摇篮内

☀ 游戏步骤

1 先让宝宝躺在床上或婴儿摇篮内。妈妈弯下身，伸出双手，张开五指，学着大河马的样子，说："河马、河马，大河马来了"，引起宝宝的注意。

2 吸引了宝宝的注意后，妈妈慢慢地抓住宝宝的手，说："大河马，大嘴巴，张大嘴，小手手，被吃掉"。

3 当宝宝注视妈妈时，妈妈装作打哈欠，边松开抓住宝宝的手，边说："大河马，打哈欠，小小手，快跑掉"。

4 重复1~3的动作3次后，游戏结束。

♥ 对宝宝的益处

妈妈与宝宝的身体接触，可以带给宝宝安全感、信任感，有利于帮助宝宝建立起与他人的良好交往关系。同时，在这一游戏过程中，通过不断地抓握和松开双手的动作，宝宝能区别和认识到自己的身体和他人的身体，可建立起初步的自我意识。

注意事项

- 如果妈妈留有长指甲，在玩这一游戏时，应剪短指甲，避免伤害到宝宝。
- 在握住宝宝手的时候，不要太过于突然、用力，以免弄痛宝宝。
- 放开捏着宝宝手的时候，动作尽量夸张一些，让宝宝有种突然被松开的感觉。

摇摆的玩具

游戏道具	宝宝喜欢玩的小玩具、细绳子	游戏时间	在宝宝醒来，精神状态较好时	游戏场地	室内，床上或垫子上

🎮 游戏步骤

1 先将细绳子系在玩具上。让宝宝仰卧在床上或垫子上。

2 妈妈提着绳子的另一端，缓缓地放下，让宝宝伸手可触摸到玩具。

3 宝宝伸手抓到玩具，在稍微玩了一会儿的时候，妈妈提起绳子，让玩具离开宝宝的手。此动作重复3~5次。

🎯 对宝宝的益处

这个游戏，可以很好地训练宝宝手臂控制力和小手的动作灵活性以及抓握的力量；宝宝在抓握玩具的过程中，能接受到玩具的触觉刺激，有利于提升宝宝的触觉敏感度。

注意事项

在游戏的过程中，要兼顾到宝宝的情绪。当宝宝情绪不稳定的时候，应停止游戏，以后再选择合适的时间进行。

- 游戏的时间不宜过长，最好控制在3分钟以内。
- 让宝宝触摸的玩具，事先应当清洗，确保清洁。

第一章 妈妈与0~3个月宝宝一起玩的游戏

25

快乐 "蹦蹦跳"

> 动作协调能力，声音的节奏、韵律以及勇敢等品质的训练

游戏道具	无	游戏时间	宝宝清醒，精神以及情绪相对好的时候	游戏场地	室内，垫子、椅子或沙发上

🎮 游戏步骤

1 妈妈抱着宝宝坐在垫子、椅子或沙发上。

2 将宝宝放在膝盖上，边唱儿歌边轻轻晃动。

3 在玩了一段时间后，抱着宝宝，让宝宝坐在自己的脚上。抓住或握住宝宝的双手、胳膊或肩膀，边唱儿歌边根据儿歌的拍子轻轻晃动宝宝坐着的那条腿。

🛡 对宝宝的益处

相对于宝宝的成长来说，其动作能力以及品质，对未来的发展有着莫大的关系，并直接影响到宝宝智商和情商的高低，而这一切都源自于宝宝的成长经历。妈妈在跟宝宝玩这一游戏的时候，就能很好地达到这一目的。除此之外，这个游戏还能培养宝宝与妈妈之间的信任感。

注意事项

游戏中，妈妈应当注意观察宝宝的表情，如果宝宝出现抗拒的情绪，如哭闹或挣扎等，就不可强行继续游戏。

- 在游戏的过程中，妈妈除了唱儿歌吸引宝宝外，还可以用正面的语言进行积极引导，如"宝宝，好玩吗""宝宝，高不高兴"等。
- 控制好时间，即便是宝宝玩得很高兴，也不要超过5分钟。
- 不建议在宝宝睡前玩这个游戏。

这样玩 孩子智商高 情商高

荡秋千

动作协调、平衡能力及胆量的锻炼

游戏道具	无		游戏时间	宝宝清醒，情绪及精神状态良好时		游戏场地	室内

☀ 游戏步骤

1 妈妈将宝宝抱在怀中，一手扶住宝宝的上身，一手扶住宝宝的下肢。

2 抱着宝宝左右摇晃，并跟着节奏念儿歌"小宝宝，荡秋千，荡到东，荡到西，一荡荡到洛杉矶"。

3 当宝宝做出反应、咯咯笑的时候，摇晃的幅度可慢慢增大。在开始的时候，可以一字一节怕；当念到最后一个字时，可将宝宝向上摇晃至直立，引起宝宝的兴奋情绪。

☗ 对宝宝的益处

这一游戏，使妈妈和宝宝有了更为亲密的接触，可以增进亲子之间的关系。在轻轻晃动宝宝身体的时候，可以使得宝宝的动作协调及平衡能力得到很好的锻炼。另外，在妈妈具有节奏语言的刺激下，宝宝的胆量也会得到很好的锻炼。

注意事项

在游戏的过程中，妈妈要注意宝宝的安全，一定要用双手护住宝宝的全身。
妈妈要用积极的情绪和语言去感染宝宝。

床上蹬自行车

游戏道具	无	游戏时间	宝宝清醒，精神状态及心情较好时	游戏场地	室内，床上或垫子上

☀ 游戏步骤

1 让宝宝平躺在床上或垫子上。双手轻轻抓住宝宝的双脚，一左一右，就像蹬自行车一样活动。

2 在做这些动作的时候，看着宝宝的眼睛，轻声说："小宝宝，骑自行车，带着眼睛去旅行"。

3 动作的幅度跟着所说的节奏慢慢加快。

♡ 对宝宝的益处

在床上蹬自行车的游戏，可让宝宝的腿部力量得到很好的锻炼，为接下来学习爬行走路打下良好的基础。除此之外，在游戏中妈妈跟宝宝所说的话，跟宝宝的交流互动，有利于促进宝宝的语言感受能力及人际交往能力。

注意事项

妈妈在抓宝宝双脚的时候，所用的力度不要太大。

在帮助宝宝做蹬自行车的动作时，动作幅度及速度不要太快，要考虑到宝宝的承受能力。

第二章

妈妈与 4 ~ 6 个月宝宝一起玩的游戏

4~6个月宝宝生长发育特点

4 个月宝宝

身体特征

宝宝视线灵活,头眼协调能力好,两眼随移动的物体从一侧转移到另一侧。

感知能力

开始对颜色产生分辨能力,对黄色最敏感,其次是红色;能够认识父母和熟悉的亲人的脸;能够分辨出男声和女声。

能力发育

宝宝可以发出"a""o""e"的元音,高兴的时候还能发出高声调的叫喊声;别人和宝宝说话时,宝宝会发出"咯咯咕咕"的声音,像是在对话。

宝宝的上肢更加有力,能够用上肢支撑起头部和上身,与床成90°角;翻身有了进一步的发展,可以从仰卧翻到侧卧;扶着宝宝的腋下,宝宝能够站立片刻;手眼协调能力初步出现,能够抓着自己的衣服、被子不放开。

宝宝用微笑、手舞足蹈或其他动作来表达喜悦和高兴;能够分辨出亲人和陌生人,对亲人表现出依恋;出现不快乐、恐惧的情绪。

这样玩　孩子智商高　情商高

5 个月宝宝

身体特征

宝宝的视力范围可以达到几米远，眼球能上下左右移动，注意一些小东西；能辨别红色、蓝色和黄色之间的差异；听到自己的名字时会回头看，寻找声音的来源；开始注意镜子里的自己。

能力发育

宝宝不仅注意妈妈说话的方式，也会注意到妈发出的音节；宝宝能够发出的音更多了，高兴时更加明显，但并没有明确的意义，只是咿呀不停地自言自语。

宝宝开始学习坐起来，不过只能独自坐几秒钟；喜欢的玩具能够俯卧着伸手去拿；听到音乐时会随着节奏摇晃自己的身体，但不能完全合拍；喜欢啃玩具，能够把小铃铛摇响。

宝宝看到妈妈或者听到妈妈以及熟人说话时会笑，5 个月的宝宝很喜欢笑，除非生病了或不舒服。

6 个月宝宝

身体特征

宝宝已经能够自由转头，视野扩大了，视觉灵敏度已接近成人水平；会对着镜子微笑，伸手摸或拍打镜子里面的人；手眼协调能力增强，成了积极的学习者和新事物的探索者。

能力发育

宝宝开始进入咿呀学语的时期，发音更多也更主动，独处的时候喜欢自言自语，不经意间会发出一些不很清晰的语音，会无意识地叫"mama""baba""dada"等。

宝宝俯卧的时候，可以用肘支撑着将胸部抬起，但腹部还是靠着床面；头部能够稳稳地竖起来；喜欢把所有拿到的物体放在嘴里啃一啃；腿部和脚部的力量更大，学会用脚尖蹬地。

宝宝开始认生，陌生人不容易从妈妈怀里抱走宝宝；不高兴时会发脾气，妈妈不在身边时会害怕。

红帽子、蓝帽子

游戏道具	红色、蓝色帽子各1顶，或者是手套	游戏时间	宝宝睡醒后，精神状态较佳时	游戏场地	室内

❀ 游戏步骤

1 妈妈将红、蓝两顶帽子分别戴在左手和右手上。轻轻在宝宝面前晃动，并唱儿歌："红帽子，蓝帽子，红红蓝蓝真好看。"

2 吸引宝宝注意后，接着唱："红帽子，蓝帽子，红红蓝蓝真好看。"在唱到"红帽子"时，晃动的双手稍微停下，并且将"红帽子"举高些，并离宝宝近一些。唱到"蓝帽子"时，做同样的动作。

3 妈妈唱3~5遍后，在末尾加"不见了！"同时将双手背到身后，看着宝宝微笑。然后接着唱："在这里！"把手从背后拿出，在宝宝面前晃动。

注意事项

在游戏的过程中，妈妈要多观察宝宝的反应，当宝宝显得没什么兴趣，有些烦躁，就不要再继续下去。

⚲ 对宝宝的益处

这一游戏，以红、蓝两种不同颜色的帽子作为道具，不但可以让宝宝对红、蓝两色有较好的认知，再加上不断变化的动作，可以让宝宝感受到数量的变化，以及空间知觉和物体在空间中的运动。

小鼻子，在哪里

游戏道具	无	游戏时间	宝宝睡醒，精神及情绪较好时	游戏场地	室内

☀ 游戏步骤

1 妈妈抱着宝宝，让宝宝坐在自己的腿上。轻轻地抚摸宝宝，跟宝宝交流，逗引宝宝。

2 摸摸宝宝的鼻子，说："宝宝，这是鼻子。"同时，握住宝宝的小手让宝宝摸妈妈的鼻子或宝宝自己的鼻子。

3 边轻点宝宝的鼻子边哼唱："鼻子、鼻子小鼻子，宝宝的鼻子作用大，闻气味，会呼吸。"

▽ 对宝宝的益处

在游戏的过程中，宝宝通过触摸自己和妈妈的鼻子，对自我与他人的身体有所区分，可帮助宝宝认识自己的身体，有利于宝宝自我意识的发展。另外，妈妈唱的儿歌，有意识地向宝宝传递了鼻子这一器官的作用，会让宝宝对鼻子的功能有一个初步的了解。

注意事项

妈妈在和宝宝玩这个游戏的时候，要掌握一个循序渐进的过程，先引起宝宝的兴趣，才能顺利地将游戏进行下去，并达到应有的效果。

小马 "驾驾" 跑得快

游戏道具	无	游戏时间	宝宝睡醒，精神及情绪较好时	游戏场地	室内

☀ 游戏步骤

1 妈妈坐在椅子或沙发上，让宝宝分开双腿坐在自己的腿上。

2 先跟宝宝说会儿话，逗引宝宝。

3 慢慢地轻轻地抖动双腿，同时哼唱："小宝宝，骑大马，驾驾驾，马儿跑得快，宝宝笑哈哈。"在唱到"驾驾驾"时，双腿抖动的力度、幅度加大一些，就像是马儿突然加速奔跑。当唱到"宝宝笑哈哈"的时候，双腿暂时停止抖动，高兴地左右晃动宝宝。

♡ 对宝宝的益处

游戏中，妈妈抖动双腿，坐在腿上的宝宝在本能的意识下为了确保自己不会摔倒，便会去平衡自己的身体，使得身体平衡的能力得到锻炼。而妈妈双腿的抖动是跟着儿歌的节奏抖动的，将节奏感传递给了宝宝，使得宝宝的节奏感在无意识中得到加强。

注意事项

- 妈妈应抓紧宝宝的双手，避免在抖动或者宝宝玩得高兴时，从腿上摔下来。
- 妈妈在抖动双腿的时候，在开始的时候应缓慢然后慢慢加大幅度，以免宝宝一时不适应，而产生抗拒。

小兔子吃萝卜

游戏道具	硬纸剪的大、小白兔各1个，大、小萝卜各3个	游戏时间	白天	游戏场地	室内，垫子上或桌子旁

❀ 游戏步骤

1 将玩具道具摆放在桌子或垫子上。妈妈抱着宝宝坐在玩具道具的面前。

2 分别拿起大、小白兔，对宝宝说："白白的兔子，真可爱，爱吃萝卜跑得快。"让宝宝认识白兔和萝卜。

3 在宝宝认识了白兔和萝卜后，接着告诉宝宝："大白兔要吃大萝卜，小白兔要吃小萝卜"，并且跟宝宝一起帮着挑选。

♡ 对宝宝的益处

　　处在这一阶段的宝宝，还不能真正地对大和小予以区别，这一游戏，就是为了帮助宝宝进一步地认识大和小的概念。同时，在大、小两只白兔以及萝卜的比较过程中，宝宝的观察和分辨能力得到提高。

注意事项

此游戏不一定要宝宝能够做到挑选正确，因而在游戏的过程中，妈妈始终要积极地给宝宝引导，帮助宝宝一起完成。

宝宝飞呀飞

游戏道具	无	游戏时间	宝宝清醒，情绪及精神状态良好时	游戏场地	户外，散步的路上

☀ 游戏步骤

1 妈妈抱着宝宝在路上散步的时候，如果天气较好，且四周没有车辆及行人，相对安全的时候，先轻轻地摇晃怀中的宝宝，逗引宝宝。

2 宝宝的注意力被吸引后，用双手抱住宝宝的腋下，慢慢举起，边轻轻晃动边轻哼儿歌："宝宝，宝宝坐飞机，摇摇晃晃飞起来。"

3 在将宝宝举起，摇晃片刻后，重新抱到怀中。

♡ 对宝宝的益处

此游戏能够让宝宝从大人的高度去看世界，能引发宝宝对世界的好奇和探知，更为重要的是，在摇晃和升高的过程中，宝宝从紧张、害怕转为兴奋，可以培养宝宝的勇气和胆量。

注意事项

在开始游戏的时候，要注意观察宝宝的情绪，如果宝宝情绪不好，应当放弃玩这一游戏。

- 宝宝被举起的时候，开始可能会紧张、害怕，此时妈妈应面带微笑予以鼓励。
- 在游戏的过程中，妈妈一定要紧紧地抓住宝宝，以免宝宝从手中脱落，受到伤害。

青蛙跳水

下肢力量及
数字认知的训练

游戏道具	无	游戏时间	宝宝醒来，精神及情绪状态较好时	游戏场地	室内

☼ 游戏步骤

1 妈妈坐在椅子、垫子或毛毯上，双手扶着宝宝，让宝宝面对面地站在自己的腿上。

2 逗引宝宝，吸引宝宝的注意。

3 嘴里哼唱儿歌："小青蛙，真淘气，一只青蛙一张嘴，两只眼睛四条腿，扑通一声跳下水。"在开始的时候，随节奏让宝宝轻轻跳动，宝宝适应后，动作力度及幅度加大，在唱到"跳"时，举着宝宝蹦跳。

4 在玩了一段时间后，妈妈只需要扶着宝宝就可以了，双手不再需要用力。

◉ 对宝宝的益处

此游戏可以锻炼宝宝的下肢力量，同时，妈妈在游戏过程中不断重复唱的儿歌，会让宝宝对数字有一定的认知。

注意事项

在宝宝蹦跳的时候，妈妈一定要注意观察，不可轻易放开扶住宝宝的双手，以免发生意外。

彩色纸飞机

游戏道具	颜色不同的纸若干张	游戏时间	白天	游戏场地	室内或室外较为空阔、安全的场所

☀ 游戏步骤

1 妈妈先用不同颜色的纸折成若干架纸飞机。

2 带着宝宝来到折好的彩色纸飞机面前，拿起其中的一架纸飞机，如是红色的，就对宝宝说："这是红色的纸飞机。"

3 在吸引了宝宝的注意力后，将飞机轻轻往前抛，并哼唱儿歌："纸飞机，飞呀飞，飞到哪儿去了啊！"

4 纸飞机降落后，指着纸飞机对宝宝说："哈哈，原来在这里。"

5 握住宝宝的手，协助宝宝飞飞机，并哼唱儿歌。

♡ 对宝宝的益处

宝宝对颜色较为鲜艳的东西较为敏感，用不同颜色的纸折飞机，容易吸引宝宝的视线。在游戏的过程中，通过儿歌有意识地向宝宝传递颜色的概念，能让宝宝对颜色有着更好的认知。另外，宝宝的视线在追随纸飞机的飞行轨迹时，对宝宝空间智慧的发展有很大的促进作用，也锻炼了宝宝的视觉追踪能力。

注意事项

在抛纸飞机的时候，妈妈的动作幅度不要太大，以免影响到宝宝的观察，忽略了飞机的飞行路径。

• 在抛纸飞机的时候，也不要抛得太远，不然，宝宝的视线会跟不上。

这样玩 孩子智商高 情商高

美丽泡泡飘啊飘

游戏道具	泡泡液小瓶	游戏时间	宝宝情绪和精神状态良好时	游戏场地	户外较为宽敞安全的场地

☼ 游戏步骤

1 宝宝背靠妈妈，妈妈托抱起宝宝；妈妈一只手环抱宝宝腹部，另一只手托起宝宝的双脚，跟随泡泡做踢的动作。

2 引导宝宝从不同的角度去看泡泡，可以说："宝宝，你看这是什么呀！你看看，是不是很漂亮啊！"

3 将溢出泡沫捧在手中，让宝宝观看，可以尝试着让宝宝用手指触摸。

4 在宝宝玩得兴高采烈的时候，用扇子轻轻扇动泡沫，同时哼唱儿歌"小泡泡，真奇妙，五光十色真漂亮！"并引导宝宝去看空中飘动的泡泡。

▽ 对宝宝的益处

此游戏，有助于锻炼宝宝的视觉反应能力及身体的运动能力。另外，宝宝在看到五光十色的泡泡后，会在心中埋下一颗好奇的种子，为将来探索和寻求新的知识增添动力。

注意事项

- 宝宝用手指触碰泡泡后，要防止宝宝将手指塞入嘴中。
- 用扇子扇泡泡时，应注意方向，不要朝着宝宝的方向。

叮叮当当响不停

游戏道具	空塑料瓶、奶粉桶，木棍或筷子	游戏时间	白天	游戏场地	室内，地毯或垫子上

🎮 游戏步骤

1 将空的塑料瓶、奶粉桶等（可以发出不同声响的物品）摆放在地毯或垫子上，旁边放上木棍或筷子。

2 扶着或抱着宝宝坐在摆放好的玩具道具前。

3 拿起木棍或筷子，给宝宝做示范，敲击空塑料瓶或者空奶粉桶，并模仿发出"铛、铛……"的敲击声。

4 握住宝宝的小手，敲击空塑料瓶或空奶粉桶，并且根据节奏，模拟发出类似的声音。

5 慢慢放开握住宝宝的手，让宝宝自己敲击。

🛡 对宝宝的益处

这一游戏，可以让宝宝在游戏的过程中感受到不同材料之间的区别，并认识到自己的活动与外界声音之间的关系，有助于提升宝宝的触觉感受力及思维积极性，同样还能培养宝宝的节约意识。

注意事项

- 选择用来当做敲击乐器的材料，应避免易碎的玻璃制品，以免破裂伤到宝宝。
- 材质可有所不同，在开始的时候不宜过多。
- 在游戏的过程中要看护好宝宝，防止宝宝被木棍或筷子戳伤。

宝宝的图片世界

游戏道具	色彩艳丽、图案简单的动物卡片	游戏时间	宝宝清醒，情绪及精神状态良好时	游戏场地	室内

☀ 游戏步骤

1 在准备好动物卡片后，抱着宝宝坐在自己的膝盖上。拿出一张卡片，如小鸭子让宝宝看。

2 在宝宝充满兴趣看卡片的时候，引导宝宝认识卡片上的动物，告诉宝宝"这是鸭子。"

3 为了增强宝宝的游戏兴趣，以及记住卡片上的动物。妈妈可以学鸭子"嘎嘎"的叫声，可以自编儿歌，如"小鸭子，嘎嘎叫，会游泳，会抓鱼"。

4 宝宝认识了卡片上所有的动物后，在以后的游戏中，妈妈可以念儿歌，让宝宝寻找相应的卡片。

注意事项

此时孩子正处于口欲期，即用嘴巴认识世界，拿到任何物品都要用嘴巴去感受。妈妈要及时阻止，并告诉宝宝这是书，是不能吃的。

• 这是一个重复的游戏，隔一段时间再玩时，妈妈可以适当地帮助宝宝复习以前游戏中所认识的动物，当宝宝做对时，应予以奖励。

▽ 对宝宝的益处

五颜六色的卡片，对宝宝来说是充满吸引力的。妈妈在跟宝宝游戏的时候，要充分利用这一点，循序渐进，通过相应的方法去开发宝宝的智商和情商。这一游戏，不仅能让宝宝对一些动物有一定的认知，还有利于增强宝宝的记忆力。

会变玩具的魔术袋

游戏道具	鲜艳的布袋及宝宝的小玩具若干	游戏时间	白天	游戏场地	室内，地毯或垫子上

游戏步骤

1 先将玩具放到色彩鲜艳的布袋中。

2 将布袋放到宝宝的眼前，轻轻地、慢慢地拉动，以引起宝宝的注意。

3 宝宝伸手去抓，并抓住袋子后，帮助宝宝打开布袋，从中拿出玩具，每拿出一个玩具，就告诉宝宝这个玩具的名称。

4 还可以让宝宝把手伸进口袋，摸出玩具。此时，妈妈还可以带着宝宝唱儿歌："神奇的口袋，让我伸手摸一摸，摸呀摸呀，摸呀摸，摸出一个（苹果）来！"

对宝宝的益处

此游戏，有利于增强宝宝的躯体支撑力，以及手握抓和身体的平衡能力。同时，在游戏的语言交流过程中，可促进宝宝语言能力的发展。更为重要的是，当宝宝从袋子里面拿出心爱的玩具时，对于空间，以及空间所藏纳物品产生了浓厚的兴趣和好奇。而兴趣和好奇心，恰恰是宝宝学习的最好老师，能增强宝宝对外部世界的探索和求知欲。

注意事项

- 袋子里面装的玩具不宜过多，两三个就可以了。
- 在从袋子里面拿玩具的时候，妈妈应该是辅助，不应替宝宝拿。当宝宝着急的时候，应当学会鼓励。
- 在这个阶段，妈妈将摸出物品的名称说出来。在1岁后，这个游戏可以加大难度，比如，妈妈告诉宝宝摸出的物品名称后，让宝宝伸手在袋子里寻找。

开 "飞机"

动作协调以及坚强、勇敢品质的训练

游戏道具	无	游戏时间	宝宝清醒，情绪状态较好时	游戏场地	室内，床上或垫子上

☀ 游戏步骤

1 妈妈仰卧在床上或垫子上，将宝宝放在腹部或胸部。

2 用手托住宝宝胸部，边缓慢举起宝宝边说："呜呜，小飞机要起飞了。"

3 举起宝宝后，妈妈可说："呜呜，小飞机飞呀飞！"

4 缓缓将宝宝放下，放在腹部或胸部，休息片刻。

5 将宝宝翻过身，按顺序做2~4同样的动作（以上动作重复3~5次）。

☉ 对宝宝的益处

这一游戏可以说是一举多得，既可使得宝宝的胸肌和背伸肌的力量得到锻炼，有助于动作协调能力的发展；又能让宝宝对"高""低"等感念有一个初步的认知；更为重要的是，因为宝宝第一次举到空中的时候，宝宝会害怕、紧张，在鼓励以及多次训练后，有助于宝宝养成坚强、勇敢的品格。

注意事项

- 在举起宝宝的时候，上升及下降的动作不要太快。
- 在游戏的过程中，妈妈应当始终面带微笑，当宝宝因为害怕紧抓你的双手时，应当学会鼓励，轻声说"宝宝真棒，真勇敢"之类的话。不要以为宝宝小听不懂，他会从你的表情中得到鼓励的。

小车过山洞

手部精细动作
能力及创造性思维
开发的训练

游戏道具	报纸或 A4 打印纸，小玩具车或乒乓球	游戏时间	白天	游戏场地	室内，垫子或地毯上

☀ 游戏步骤

1 抱着宝宝坐在垫子或地毯上。将报纸卷成纸筒。

2 拿起宝宝的小玩具汽车，逗引宝宝注意，然后将小汽车塞入纸筒。

3 在宝宝睁大眼睛看着的时候，将纸筒倾斜，让小汽车从纸筒内滑出。

4 协助宝宝完成 2~3 动作，宝宝熟悉后让宝宝自己动手玩。

♡ 对宝宝的益处

在这一年龄阶段，宝宝要想将东西放到一个固定且较为狭小的地方，并不是件易事。此游戏在调动宝宝兴趣的过程中，让宝宝充满了兴趣去做，可以使得宝宝的这一能力得到很好的锻炼。同时，汽车钻进山洞不见了，然后又出来了，这一神奇的现象，会刺激宝宝思维的发育，有利于创造性思维的培养。

注意事项

用旧报纸卷纸筒做山洞时，口径要相对大一些，以便宝宝能较轻松地将小汽车塞进山洞。倘若难度太大，宝宝难以将小汽车放进山洞，就会失去对这一游戏的兴趣。

• 用其他的物品，尤其是乒乓球替代小汽车时，要防止宝宝吃、咬。

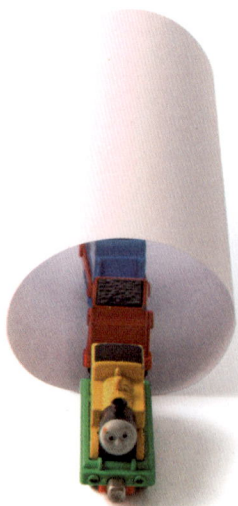

这样玩 孩子智商高 情商高

拉大锯扯大锯

手臂、腿部力量，肢体协调及感知能力的锻炼

游戏道具	无	游戏时间	宝宝睡醒，精神及情绪状态较好时	游戏场地	室内，垫子上

🌞 游戏步骤

1 妈妈抱着宝宝先在垫子上坐下。打开双腿，让宝宝坐在腿中间。

2 抓住宝宝的手腕，双手交替，前后活动，并同时唱儿歌："拉大锯，扯大据，姥姥家，唱大戏，妈妈去，爸爸去，小宝宝，也要去。"

3 休息片刻。继续 2 的动作，并尝试把宝宝拉起。

♡ 对宝宝的益处

"拉大锯扯大锯"，是我国较为经典的传统民间幼儿游戏，其童谣有不同的版本，在跟宝宝玩游戏的时候，妈妈可以根据自己的兴趣爱好选择，同样可以将把歌谣改得具有现代特色一些，如"拉大锯，扯大锯，电视机，演故事，妈妈看，爸爸看，小宝宝，也要看"等。这一游戏，不仅可以帮助孩子锻炼手臂、腿部的力量以及肢体协调能力，还可以激发孩子的好奇心和兴趣去认知、感知世界。

注意事项

- 在玩游戏的时候，要掌握循序渐进的规律，先帮助宝宝放松上肢，不能一上来就尝试将宝宝拉起来。
- 游戏时间不要太长，一般来说，每次 3 分钟左右较为适宜。如果宝宝还想要玩，妈妈也一定要在 3 分钟左右让宝宝躺下来休息会儿。

第二章 妈妈与 4~6 个月宝宝一起玩的游戏

45

妈妈会变脸

认知、识别
及语言能力的训练

游戏道具	无	游戏时间	宝宝醒来，精神及情绪状态较好时	游戏场地	室内，床上或垫子上

🌞 游戏步骤

1 和宝宝面对面坐在床上或垫子上。

2 模仿各种动物的样子，并告诉宝宝这是什么动物。如在模仿老虎的时候，说"嗷，我是大老虎"；模仿小猫的时候，说"喵喵，我是小猫咪"；模仿老鼠的时候，说"吱吱，我是小老鼠"；等等。

3 慢慢地，让宝宝模仿，宝宝也会咿咿呀呀地学妈妈发出声音。

🔴 对宝宝的益处

处在这一年龄阶段的宝宝对外面的世界越来越好奇，尤其是对一些动物。游戏中妈妈不断地模仿动物，会让孩子对一些动物有所认知，建立初步认知，不仅如此，宝宝的咿呀学语，有助于语言能力的开发。这些都有助于宝宝的智力发育。

注意事项

- 在模仿动物的时候，妈妈的动作不能太过突然，也不要显得太过于凶狠，以免吓着宝宝。
- 在游戏的过程中，要关注宝宝的安全，保护好宝宝。

动物音乐会

游戏道具	音乐播放器，动物叫声的音乐文件	游戏时间	白天	游戏场地	室内，地毯或垫子上

☼ 游戏步骤

1 扶着或抱着宝宝坐在垫子上。

2 播放事先准备好的音乐文件，先播放一种，如青蛙的叫声。跟宝宝一块儿听，并且学音乐文件中青蛙的叫声："呱呱"，以引起宝宝的兴趣，并引导宝宝学着发声。

3 宝宝努力模仿时，给予鼓励，并给宝宝做示范：鼓腮帮学青蛙呱呱叫。

♥ 对宝宝的益处

　　听音乐学动物叫声及模仿动作，不仅可以提高宝宝的声音分辨能力，还可以锻炼宝宝的发音及语言能力。更重要的是，会使得宝宝的模仿能力得到锻炼。宝宝学习新的知识、技能，往往是从模仿开始的。

注意事项

● 选取的动物叫声，不要太复杂，也不要太多，有两三种动物就行了。

● 所选择的动物叫声，应是容易分辨的声音，如小鸟、老虎、青蛙等。

第二章　妈妈与4~6个月宝宝一起玩的游戏

卷春卷

肢体协调能力、空间认知的训练

游戏道具	浴巾或小床单		
游戏时间	宝宝醒来，精神及情绪状态较好时		
游戏场地	室内，床上或垫子上		

☀ 游戏步骤

1 在宝宝的身边铺好浴巾或小床单后，逗引或将宝宝抱到浴巾或小床单中间。

2 跟宝宝玩一会儿后，将宝宝卷起来，边卷边唱："卷啊卷，卷成一个大春卷。"

3 将宝宝卷好后，继续逗引宝宝，然后将宝宝放到床的中间，一边说"吃春卷了"，一边拉动浴巾或毛巾的一头，让宝宝在床上滚动。

4 在滚动的过程中，妈妈可唱儿歌："左滚滚，右滚滚，前滚滚，后滚滚，滚出一个小春卷。"在唱到"小春卷"时，抱或轻轻地抚摸一下宝宝。

⚙ 对宝宝的益处

宝宝在翻滚的过程中，可以锻炼全身肌肉，有利于运动能力的开发。同时，妈妈唱的儿歌会让宝宝对前后左右的空间概念有所认知，而带有节奏感的儿歌哼唱，有利于培养宝宝的节奏韵律感。

注意事项

- 在滚动的过程中，妈妈要注意宝宝的安全，防止宝宝滚下床。
- 因这一游戏需要宝宝全身运动，活动量较大，所以妈妈要注意让宝宝多休息。

这样玩 孩子智商高 情商高

48

躲猫猫

认知能力、社交
技巧及胆量的训练

游戏道具	手帕、干毛巾等	游戏时间	宝宝睡醒，精神及心情较好时	游戏场地	室内，床上

☀ 游戏步骤

1 让宝宝坐在床上，背靠着枕头。

2 坐在宝宝的对面，拿出手帕或干毛巾，嘴中念儿歌："小手帕，真漂亮，四四方方真好看，宝宝头上盖一盖，盖上之后妈妈不见了。"然后将手帕盖在宝宝脸上。

3 迅速将手帕拿开，将脸凑近宝宝脸，继续说："你看，妈妈又来了。"

4 接着重复2、3动作2~3次。

⊙ 对宝宝的益处

宝宝是在玩的过程中认识世界的。妈妈和宝宝玩这个游戏，通过一块小小的手帕，便能够让孩子知道，被物体遮盖住的人和事物，虽然不在视线范围内，但并不是真的消失，而是"暂时消失"。不仅如此，这一游戏还能起到锻炼孩子胆量的作用。

注意事项

在选用手帕和干毛巾的时候，最好选用质地柔软的。

- 在用毛巾盖宝宝脸的时候，不要太过突然，以免吓着宝宝。
- 盖手帕的时间也不能过长，以免宝宝心理产生紧张和不安。

49

拉一拉，玩具就过来

手部力量，规则意识培养的训练

游戏道具	平时玩的小玩具和颜色不同的绳子若干	游戏时间	白天	游戏场地	室内，垫子或地毯上

🎯 游戏步骤

1 让宝宝坐在垫子上，将绳子系在宝宝平时玩的玩具上，并且放在离孩子有一定距离的地方。

2 当孩子要爬过去拿玩具的时候，妈妈要进行阻止。

3 逗引宝宝，并且向宝宝示范：慢慢拉动绳子，让玩具自己过来。

4 将玩具放到原来的地方，绳子的一头放在宝宝身边，看宝宝是不是知道拉绳子取玩具。如果宝宝还是想爬过去拿玩具，再给宝宝多做几次示范，也可以将绳子放在宝宝手上，协助宝宝拉动，让玩具过来。

5 宝宝熟悉后，让宝宝自己拉动。

🛡 对宝宝的益处

此游戏不但能够锻炼宝宝手部的力量，还有利于培养宝宝借助工具的意识，更为重要的是，妈妈阻止宝宝爬过去拿玩具，会让宝宝对规则有所认知，这对宝宝以后的学习及人际交往都会有所帮助。

注意事项

- 在阻止宝宝爬过去拿玩具时，应注意方法，不可太过严厉，以免吓着宝宝。
- 不要因为宝宝哭闹而心软，就让宝宝爬过去拿玩具。

第三章

妈妈与 7~9 个月宝宝一起玩的游戏

7 个月宝宝

身体特征

宝宝爱看周围环境，更爱看妈妈、食物、玩具等和自己有关的物象；已经能够区分亲人和陌生人；如果玩具不见了，宝宝会寻找；认识物体的方式更多了，如抓、摸、掰、啃、摇。

能力发育

宝宝开始主动模仿妈妈的说话声，会整天重复同一个音节，直到开始学习下一个音节；宝宝已经能熟练地寻找声源，听懂不同语气、语调表达的不同意义。

宝宝有了独坐的能力，有的宝宝还能独自坐着伸出手去够前面的玩具；翻身相当灵活，大动作较好的可以匍匐前行或倒退爬行；双手可以同时握住较大的物体，能把玩具从一只手递到另一只手。

宝宝对周围事物开始产生好奇心，能够有意识地观察自己感兴趣的人和事物；学会了用不同的方式表现自己的情绪。

身体特征

宝宝对看到的东西有了直观思维能力，如看到奶瓶就会与吃奶联系起来；对远距离的东西更感兴趣，对拿到手的东西则反复地看；好奇心更加强烈，不过注意力难以集中，很容易从一件事物转移到另一件事物。

能力发育

宝宝会笨拙地发出"妈妈""拜拜"等声音了，还可以模仿成年人发出咂舌、咳嗽的声音；理解语言的能力显著提高。

大多数宝宝已经学会了爬行，只是爬得不熟练，四肢运动不协调，经常翻倒，经历匍匐爬行到手膝爬行的阶段。

宝宝能够理解别人的情感了，如果对他笑，他就会很高兴，如果批评他，他就会哭或显得很沮丧；喜欢让人抱，还会自己伸出手要求抱抱。

身体特征

宝宝能认识爸爸妈妈的长相，还能认识爸爸妈妈穿的衣服；能有选择地看他喜欢看的东西，如在路上奔跑的汽车、玩耍中的小孩等；已经认识五官，有的宝宝还认识其他身体部位。

能力发育

宝宝虽然能够表达的语言不多，但能够理解的语言很丰富；可以用很简单的语言回答妈妈的问题；能够模仿妈妈的发声，说话时会配合手部动作，如说"不"的时候会做出摆手的动作。

宝宝能够很熟练地爬行了，变得活泼好动；手指更加灵活，拇指和食指能够对捏起较小的物品，喜欢用食指抠东西；会模仿妈妈拍手，能把纸撕碎，并放在嘴里吃。

遇到陌生人或者到了新的环境，宝宝开始变得紧张、害怕，听到妈妈谈论自己会感到害羞；对妈妈更加依恋。

神奇的镜子世界

游戏道具	落地大镜子或穿衣镜	游戏时间	宝宝醒来，精神及情绪状态较好时	游戏场地	室内，大镜子旁

☀ 游戏步骤

1 将宝宝抱到大镜子前，对宝宝说："宝宝，看到没有，这是镜子。"

2 指着镜子说："宝宝，看到没有，这里面是谁，乖不乖啊？"

3 在引起宝宝的注意后，指着镜子中的人说："这是妈妈""这是宝宝""这是宝宝的小嘴巴、小鼻子、小耳朵"等。

4 让宝宝休息一会儿后，拉着宝宝的小手在镜前做些动作，如拍手、叉腰等；也可左右、前后地移动身体。在这一过程中，要让宝宝感觉到自己和镜中的"宝宝"同时在动。另外，还可把宝宝喜欢的玩具放在宝宝的手里，摇动、摆弄，进一步引起宝宝对镜中影像的好奇。

5 在下一次做游戏前，问宝宝嘴在哪里，鼻子在哪里；如果宝宝答对了，要显得很惊喜，答错了，要耐心地更正。

⛨ 对宝宝的益处

此阶段宝宝的活动能力得到了进一步的提升，对于外面的世界的好奇心和求知欲更强。通过照镜子的游戏，镜子里的"自己"能很好地吸引宝宝的注意力，并且认识到自己身体的一部分并记住。

注意事项

游戏的时候，要保护好宝宝，避免宝宝看到镜子中的自己后变得过于兴奋，被镜子弄伤。

声音从哪里来

游戏道具	音乐播放器	游戏时间	宝宝精神及情绪较好时	游戏场地	室内，垫子上

游戏步骤

1 妈妈将宝宝抱坐在垫子上，拿出事先准备好的音乐播放器，并且迅速播放音乐。

2 如果音乐引起宝宝的注意，并且在听音乐和看着音乐播放器，就静静地陪宝宝听完。倘若音乐没能引起宝宝注意，妈妈则需要进行语言的引导，可以说："宝宝，你听这是什么声音，真好听啊"，在说话的时候，注意将自己的情绪传递给宝宝。

3 音乐播放完后，趁着宝宝没有注意将播放器悄悄换一个位置，然后再次播放音乐。宝宝此时会自己寻找，如没有的话，需要妈妈引导。

对宝宝的益处

宝宝的好奇心和兴趣，是他们探索世界及寻求知识的原始动力。这一游戏通过从不同的方位传来声音，不仅能激发孩子的好奇心和兴趣，还能够提升孩子对声音的敏感度，并且让宝宝对空间位置概念有一定的认知。

注意事项

- 选择播放的音乐应该适宜于此年龄阶段的宝宝，最好是纯音乐。另外，音乐播放的音量不要过大。
- 在宝宝因为寻找不到音乐播放器而情绪变得焦急时，妈妈应及时地予以安抚。

挖宝藏

游戏道具	脸盆、黄豆以及小玩具若干	游戏时间	宝宝精神及情绪较好时	游戏场地	室内，垫子上

🎮 游戏步骤

1 将黄豆倒入脸盆中，最好装上半脸盆，然后将玩具埋在黄豆中。

2 妈妈让宝宝坐在脸盆前，有意识地引导宝宝在黄豆中找玩具。如可以自己先将手伸进黄豆中，摸出一个玩具后，在宝宝眼前晃晃，高兴地说："宝宝，你看这是什么啊？"

3 妈妈将摸出的玩具再次放入黄豆中，鼓励宝宝找出来。

4 宝宝将玩具全部找出来后，游戏结束。

🛡 对宝宝的益处

宝宝在玩这一游戏的时候，因为要从黄豆中拿出小玩具，手指的抓握能力得到增强；还因为要不断地从黄豆中翻找小玩具，在无形中增强了他们的探索求知欲。

注意事项

- 控制好时间，这一游戏的时间在 10 分钟左右较为适宜。
- 看护好宝宝，防止宝宝将黄豆放入嘴中。
- 宝宝找到玩具后，妈妈应当表现出很高兴的样子，并予以鼓励。

五官歌

游戏道具	无	游戏时间	宝宝精神及情绪较好时	游戏场地	室内、床上或垫子上

🌞 游戏步骤

1 妈妈和宝宝面对面坐下，也可以抱着宝宝。妈妈指着宝宝的眼睛，引导宝宝用手点指自己的眼睛，并说："眼睛，小小眼睛看得清。"

2 接着指鼻子，引导宝宝点指鼻子，并说："鼻子，小小鼻子闻花香。"

3 接着指嘴巴，引导宝宝点指嘴巴，并说："嘴巴，小小嘴巴吃东西。"

4 接着指耳朵，引导宝宝点指耳朵，并说："耳朵，小小耳朵听声音。"

5 在重复做上述1~4的动作3~5遍后，宝宝对眼睛、鼻子等器官有了一定的认知，妈妈便可以将上面的动作和儿歌连起来一起做，并引导宝宝根据儿歌点指自己的五官。

▷ 对宝宝的益处

在这一游戏中，妈妈的语言刺激以及手指与器官的接触，既能让宝宝对五官及其功能有所认知，还会让宝宝建立起语言与动作之间的联系，并提升宝宝的反应能力。

注意事项

由于此游戏相对于7~9个月的宝宝来说还有些复杂，因此妈妈在跟孩子在做这一游戏的时候，应当注意引导和互动，提起宝宝兴趣，让游戏继续下去。

● 要想让宝宝记住并认清五官，不是一次就可以的，需要多次游戏，因而妈妈需要有一定的耐心。

龟兔赛跑

爬行能力及
参与感培养的训练

游戏道具	宝宝平时喜欢的玩具	游戏时间	白天、晚上均可	游戏场地	室内，垫子或地毯上

游戏步骤

1 先将宝宝平时喜欢的玩具放在垫子或地毯的另一端。

2 把宝宝放在垫子或地毯上，趴着。

3 妈妈也趴下来，对宝宝说："宝宝，咱们来比赛，看谁能先拿到玩具。"

4 在引导、鼓励宝宝爬行的时候，先让宝宝爬出一段距离，妈妈再开始追赶。

对宝宝的益处

爬行，是宝宝成长过程中的重要里程碑。爬行对宝宝智力的发展、身体运动能力的发展都有着不可低估的作用。龟兔赛跑这一游戏，不但会使得宝宝在游戏过程中爬行能力得到锻炼，而且会促进宝宝整体运动能力。更为重要的是，让宝宝参与到游戏中，并且获得最终的胜利，有利于宝宝自信心及人际交往智能的发展。

注意事项

- 选择软质、无棱角的玩具。
- 爬行的距离控制在 2 米左右。
- 让宝宝爬到目的地才是游戏的真正目的，而不是真的看谁先拿到玩具。

虫儿飞

手指精细
动作训练

游戏道具	无		游戏时间	宝宝精神及情绪较好时		游戏场地	室内，床上或垫子上

☀ 游戏步骤

1 妈妈和宝宝面对面坐好。妈妈双手分别握住宝宝的食指，唱儿歌"虫虫飞、虫虫飞"，并帮助宝宝将左右手的食指碰撞一次。

2 唱"飞呀飞呀飞走了"，帮助孩子做两手从中间向两侧飞走的姿势。

3 将1~2的动作连续做3~5次后，尝试着放开握住孩子的手，大部分宝宝会有意识地跟着儿歌做相应动作，表示想做游戏。此时，妈妈要给以相应的鼓励。

◉ 对宝宝的益处

手是人类的"第二个大脑"，活动双手能促进大脑思维的发展。"虫儿飞"是一款简单有趣的手指游戏，妈妈和宝宝在玩这一游戏的时候，通过手指尖的活动，锻炼宝宝手指分化能力，提高宝宝小手精细动作。

注意事项

- 对7~9个月的宝宝来说，两手指尖的碰撞有一定的难度，因此妈妈应当有耐心，并且要予以积极的引导和鼓励。
- 做了两三遍上述动作后，妈妈应该尝试减轻握住宝宝手指的力量，让宝宝自己去做相应的动作，并慢慢地放开手。

第三章 妈妈与7~9个月宝宝一起玩的游戏

听音乐，拍气球

肢体协调和
音乐节奏感的训练

游戏道具	气球、小铃铛、音乐播放器	游戏时间	宝宝精神及情绪较好时	游戏场地	室内

☼ 游戏步骤

1 在室内较为宽敞的地方，放一把椅子，然后在椅子的正前方悬挂一只绑上铃铛的气球。气球的高度以宝宝伸手能轻松触到为宜。

2 妈妈抱着宝宝坐在椅子上，让宝宝面对悬挂的气球。

3 打开音乐播放器播放音乐，握住宝宝小手，根据音乐的节奏轻轻拍打气球。

4 在拍打了一段时间后，妈妈放开手让宝宝自己拍打。

⛨ 对宝宝的益处

和宝宝玩这一游戏，不但能提升宝宝对于音乐的感受能力，还因为所做的是配有节奏的动作，可培养宝宝音乐节奏感，锻炼宝宝的肢体动作协调能力。

注意事项

气球不宜吹得过大，以免破裂吓到或伤到宝宝。

在游戏的过程中，妈妈应当不断地鼓励宝宝，并且将自己快乐的情绪传递给宝宝，并尝试让宝宝自己拍打。

齿轮转动

手部肌肉力量和对
语言理解能力的训练

游戏道具	齿轮玩具	游戏时间	白天	游戏场地	垫子或地毯上

☼ 游戏步骤

1 将齿轮单个放在嵌板上，家长抱宝宝坐在齿轮前面，用手示范拨动，家长语言跟进，比如"黄色的轮子转一转"等。

2 尝试两个齿轮相连，让宝宝拨动。

3 可以练习拿下来、放上去，不管宝宝做哪个动作，不管是有意识还是无意识的，家长都需要对动作做语言描述。

4 随手部肌肉群力量的增加，我们陆续增加齿轮的数量，还可以从中间缺少一个齿轮，宝宝拨动后让孩子观察变化，然后让宝宝将缺少的齿轮放入，再观察。

♡ 对宝宝的益处

通过小手抓取拨动，训练宝宝小手的控制能力，妈妈对颜色的描述能促进宝宝进行颜色认知，再通过齿轮相连转动，缺少转动，锻炼宝宝的逻辑思维能力及解决问题能力，妈妈和宝宝的互动还可以提高宝宝对语言的理解能力，密切亲子关系，从而训练宝宝的情商。

注意事项

家长一定要注意，这个年龄段的宝宝是语言积累期，不管宝宝做什么动作，家长都要在旁边做语言辅助跟进工作，通过您的语言，宝宝才能对事物、动作进行认知。

翻山越岭

游戏道具	棉被、枕头	游戏时间	宝宝精神及情绪较好时	游戏场地	室内，床上或垫子上

☀ 游戏步骤

1 妈妈先在床上或垫子上用棉被、枕头堆成山的模样。

2 将宝宝抱到床上或垫子上，指着棉被或枕头堆成的山，对宝宝说，"这是一座高山，宝宝我们来爬山"。

3 宝宝爬上被子后，让宝宝歇会儿，妈妈表示很高兴，并将自己的情绪传递给宝宝。

4 对宝宝说："宝宝加油，爬到山的那边去。"

5 在宝宝爬过"小山"后，妈妈猫着身子藏在"小山"的这边，宝宝躲藏在"小山"的那边。妈妈此时要呼唤宝宝的名字，宝宝喊妈妈。

◎ 对宝宝的益处

此游戏是非常好的亲子益智游戏，不仅能有效地提升亲子关系，还使得宝宝身体各部位都得到很好的活动，有益于动作协调能力的提高。另外，妈妈和宝宝之间的语言互动，能有效地提升宝宝的语言感受和表达能力。

注意事项

选择床上为游戏场所时，应将"小山"摆放在床的中间，以免宝宝在翻越的过程中，无法有效地控制身体而掉下床。

- 在孩子翻越的过程中，应多鼓励并创造快乐的气氛。

会移动的毛毯

肢体平衡及肌肉力量的训练，勇气和胆量的培养

游戏道具	毛毯，长约150厘米，宽约60厘米	游戏时间	宝宝精神及心情较好时	游戏场地	室内，垫子上

✿ 游戏步骤

1 拿出垫子，让宝宝平稳地坐在垫子上。

2 妈妈面对着宝宝，抓住垫子的两角，轻轻向前移动。

3 在快要到垫子边缘时停下，改变方向，继续拉动。

4 以上2~3动作重复3~5次；方向不固定，可以前后左右各个方向拉动。

⦿ 对宝宝的益处

让宝宝坐在垫子上，妈妈拉动垫子，宝宝为了不让自己摔倒，会在不知不觉中保持自己的身体平衡，使得平衡能力得到锻炼。而宝宝坐在垫子上，突然垫子移动了，宝宝可能会害怕、紧张，妈妈及时予以引导、鼓励后，宝宝发觉到没有危险，胆量也会慢慢变大。

注意事项

在刚刚开始拉动垫子时，宝宝可能会害怕。此时妈妈应当予以相应的鼓励和引导。最好的方式就是用宝宝喜欢听的一些儿歌来缓解宝宝的紧张。

• 妈妈在拉垫子时，速度要保持均匀，改变方向时，要注意宝宝是否坐稳。

小小船儿晃悠悠

平衡能力及
空间体验的训练

| 游戏道具 | 浴盆 | 游戏时间 | 宝宝洗澡的时候 | 游戏场地 | 室内，洗澡间 |

☀ 游戏步骤

1 先将浴缸放入适量的水，然后把宝宝洗澡的浴盆放到浴缸中，放半盆水。

2 将宝宝抱到浴盆中，边给宝宝洗澡，边唱童谣："小船儿，摇啊摇，摇到外婆桥，外婆夸我好宝宝……"

3 在摇晃浴盆的时候，妈妈要根据童谣的节奏晃动。开始的时候宝宝可能会紧张、害怕，妈妈摇晃的力度和幅度要轻缓一些。

▨ 对宝宝的益处

此游戏可以很大程度地锻炼宝宝的胆量，并可以使得宝宝的身体平衡能力得到锻炼。除此之外，还可以对宝宝的大脑神经带来刺激，有利于宝宝脑细胞的发育。

注意事项

妈妈要控制好游戏的时间，避免宝宝着凉而感冒。

在摇晃的过程中，妈妈要注意观察宝宝，防止宝宝从浴盆滑到浴缸而呛水。

喊到谁，谁就点点头

自我认知及
反应能力的训练

游戏道具	宝宝平时常玩的玩具 2~3 件	游戏时间	白天、晚上均可	游戏场地	室内

☀ 游戏步骤

1 将宝宝的玩具分别起名，如小金豆、小银豆。

2 跟宝宝说明游戏规则：妈妈、宝宝和玩具小金豆、小银豆坐在一排，由妈妈喊名字，叫到谁的名字，谁点点头。

3 妈妈先给宝宝做示范，喊"妈妈"，然后点点头。

4 开始游戏，妈妈可以喊"妈妈"，宝宝的名字，或者是玩具小金豆、小银豆，在喊到谁的名字时，谁就要点点头。

5 在开始的时候，喊到小金豆、小银豆时，妈妈拿起相应的玩具，做点头动作。宝宝熟悉游戏后，可以让宝宝帮助其中的一件玩具点头。

♥ 对宝宝的益处

此游戏可以让宝宝熟知自己的名字，建立起初步的自我意识。而在叫到谁的名字谁点头的时候，还可以锻炼宝宝的听觉注意力、语言理解能力及反应能力。

注意事项

- 在玩这个游戏之前，要事先让宝宝熟知自己的名字。
- 在宝宝没能按照游戏规则做的时候，要给予宝宝适当的惩罚，如暂时不让宝宝参与到游戏中，看妈妈玩游戏。

第三章 妈妈与 7~9 个月宝宝一起玩的游戏

第四章

妈妈与 10~12 个月宝宝
一起玩的游戏

10~12个月宝宝生长发育特点

10个月宝宝

认知能力

宝宝开始观察物体的形状、大小、构造；能够认出熟悉的人和物品；开始会看镜子里的形象，通过看镜子里自己，能意识到自己的存在；学会了察言观色，尤其是对爸爸妈妈的表情，有比较准确的把握。

语言能力

有的宝宝能够叫"妈妈""爸爸"了，能够主动用动作语言与爸爸妈妈交流；宝宝开始进入说话的萌芽阶段，喜欢模仿别人的声音。

动作能力

宝宝爬行速度很快，能够独自站立片刻，在妈妈的帮助下或者扶着栏杆时可以挪步；会随意活动自己的手指，开始喜欢扔东西。

社交能力

宝宝会主动亲近其他的宝宝；喜欢被夸奖，变得更加自信；自我意识开始萌芽，喜欢用自己的方式表达需求。

11 个月宝宝

认知能力
宝宝视觉能力已经很强了，可以让宝宝在图画书上开始认图、认物等；开始懂得选择玩具；逐步建立事物间的因果关系；认识日常的生活用品。

语言能力
宝宝已经能准确理解简单词语的意思，能够用动作语言表达词义，如竖起手指表示自己一岁。

动作能力
宝宝能够自己扶着东西站起来；能把扔出去的玩具捡起来；手的动作灵活性明显提高，会使用拇指和食指捏起小东西。

社交能力
自我意识开始出现，不喜欢妈妈抱别的宝宝；喜欢和父母一起玩游戏；与人交往的能力增强，喜欢和成年人交往并模仿他们的动作。

12 个月宝宝

认知能力
宝宝开始了解不同物品的功用；能够听懂父母的一些简单要求并完成；能有意识地集中注意力，在妈妈的指导下可以找出图画书中自己熟悉的动物和人物。

语言能力
宝宝对说话的注意力日益增加，能够对简单的语言要求作出反应；喜欢用单词表达意思，妈妈应鼓励宝宝说出来。

动作能力
宝宝不需要妈妈的牵引就能独自迈几步了，站起、坐下变得很自如，能够弯腰捡地上的东西，还会试着爬到高处去。

社交能力
宝宝开始对外面的世界感兴趣，喜欢和其他宝宝亲近、做游戏，表现出初步的社交意识；自我意识增强，愿意学习自己吃饭、拿杯子喝水；不再一味用哭闹表达自己的需要。

手机响了

游戏道具	玩具手机 2 个	游戏时间	宝宝醒着的时候，随时都可以进行	游戏场地	室内、室外均可

☼ 游戏步骤

1 妈妈和宝宝面对面隔着一定的距离，站着或坐着均可。

2 妈妈拿起玩具手机，对着手机说："喂，是宝宝吗？"

3 妈妈放下玩具手机，到宝宝身边拿起宝宝的玩具手机，说："是啊！是妈妈吗？"

4 妈妈放下宝宝的玩具手机，再拿起自己的玩具手机回答，问一些其他的事。在这个过程中，妈妈分别扮演两个角色：宝宝、妈妈，说的都是宝宝生活中的事。

5 在说了一段时间后，妈妈说："宝宝，妈妈有点事要处理，咱们下次打电话再聊。"然后扮演宝宝，说："好的，再见！"

▢ 对宝宝的益处

语言智力高的人，对于语言都有着强烈的好奇心。打电话的游戏，通过妈妈一人扮演两个角色之间的对话，可以激发出宝宝对语言的兴趣，而所说的都是宝宝日常生活中相关的事，又能加强宝宝对一些语言的理解。另外，手机是现今人际交往的工具，打电话是最普通的联系沟通方式，宝宝在游戏的过程中对此也会有一定的感受和认知。

注意事项

在通电话的过程中，妈妈应该多说一些如"尿尿""饿了""高兴""漂亮"等，帮助宝宝认识生活的词语。

宝宝爱看书

> 阅读理解及
> 语言组织能力的训练

游戏道具	绘本	游戏时间	白天或晚上睡觉之前	游戏场地	室内

❀ 游戏步骤

1 妈妈抱着或者跟宝宝坐在一起，拿出事先准备好的绘本。

2 引导宝宝看书中的图片。

3 在引起宝宝兴趣后，给宝宝读绘本中的内容。

4 在读到绘本中有关于可爱的小动物，如小猫咪、小狗等时，停下来模仿动物的叫声和动作，并鼓励宝宝模仿。

♡ 对宝宝的益处

在给宝宝读绘本讲故事的时候，是妈妈陪同宝宝度过的最美好的时光。妈妈给宝宝读绘本，不仅会使得宝宝与妈妈之间的亲情交流更进一步，同时还能培养宝宝的语言理解能力以及丰富宝宝的语言词汇，有利于宝宝以后的语言学习及跟他人的交流。

注意事项

- 防止宝宝把绘本抢过去，撕或吃。
- 为了引起宝宝的阅读兴趣，所选择的绘本，画面应当色彩鲜艳一些，并且有宝宝喜欢的可爱的小动物形象。
- 在向宝宝阅读绘本内容的时候，因为宝宝的理解能力有限，并且缺乏耐心，妈妈不应照本宣科地阅读内容，而应该以对话的方式跟宝宝交流，帮助宝宝理解。

套纸杯

游戏道具	空的纸杯 5 个	游戏时间	白天	游戏场地	室内，垫子或地毯上

游戏步骤

1 将纸杯一字排开，杯口朝下，倒放在垫子或地毯上。让宝宝坐在纸杯的前面。

2 给宝宝做示范：拿起一个纸杯套在另一个纸杯上。同时唱自编的儿歌："小手指、真灵活，小杯子，摞一摞，一个一个往上摞，摞成小山一座座。"

3 让宝宝模仿妈妈的动作。在开始的时候，宝宝可能套不好。此时，妈妈不要着急，应当微笑地看着宝宝，予以鼓励。

对宝宝的益处

套纸杯的游戏，既可以锻炼宝宝手部的精细活动能力，还可使得宝宝的手眼协调能力得到锻炼。同时，水杯数量的变化，可以加强宝宝对数量和高矮的认知。

注意事项

选择的纸杯，开口尽量大一些，方便宝宝能完成套纸杯的动作。
在套纸杯的过程中，要引导宝宝注意观察纸杯数量的变化。

这样玩 孩子智商高 情商高

神奇橡皮泥

手部触觉训练及
想象能力开发的训练

游戏道具	不同颜色的橡皮泥和模具若干	游戏时间	白天、晚上均可	游戏场地	室内，垫子或地毯上

☀ 游戏步骤

1 协助宝宝坐在橡皮泥玩具的面前，并帮助宝宝打开橡皮泥的包装纸。

2 用手捏橡皮泥，并鼓励宝宝去感受橡皮泥。

3 给宝宝示范：将橡皮泥按到模具中，然后取出来。问宝宝这是什么。如，按出来的图案或形状是苹果，先不要说是苹果，而是说其他的水果——桃子、梨、西瓜……然后再说到苹果，看宝宝是不是点头，或者用含糊不清的语言回答"是"。

4 把橡皮泥和模具交给宝宝，妈妈在一旁协助。宝宝每按出一个图案或者物品的形状后，使用 3 的方法，引导宝宝。

注意事项

在游戏的过程中，妈妈一定要看好宝宝，防止宝宝将橡皮泥塞到嘴里，吃掉橡皮泥。

🛡 对宝宝的益处

在这个游戏中，妈妈可以通过宝宝按图案的活动锻炼宝宝手部的精细运动能力，同时，在互动的过程中，妈妈以恰当的语言进行引导，可以激发宝宝的语言组织能力、表达能力及想象力。

小豆豆大搬家

游戏道具	小碗 2 只，豆豆半碗	游戏时间	白天，宝宝醒来，光线较好时	游戏场地	室内，垫子上

游戏步骤

1 将 2 只小碗和豆豆等道具放在垫子上。

2 让宝宝坐在 2 只小碗前，装有豆豆的碗放在宝宝的左边。

3 妈妈先做示范：张开右手五指，将左边碗中的豆子轻轻地抓起来，放入右边的碗中，直到豆豆全部抓完。

4 握着宝宝的小手抓豆豆，并放到空的碗中。

5 抓了几次后，放开宝宝小手，让宝宝自己去做。当豆豆掉到碗外面时，妈妈应予以提醒。

6 豆豆全部放到空碗后，游戏结束。

对宝宝的益处

这一游戏能训练宝宝手指的灵活性，可以促进宝宝手指精细动作的发展，能让宝宝做出更为精准的动作。

注意事项

在宝宝玩游戏的时候，妈妈一定要在旁边仔细观察，以免宝宝将小豆豆放到嘴中。

玩具归归类

生活习惯、辨别分类及逻辑思维的训练

游戏道具	宝宝平时玩的玩具，纸箱若干	游戏时间	白天，宝宝醒来，光线较好时	游戏场地	室内，垫子上

☀ 游戏步骤

1 将宝宝平时玩的玩具及纸箱放在垫子上。

2 带宝宝将颜色相同或相近的玩具找出来，放在同一个箱子内。可以语言引导，也可帮忙。

3 宝宝将玩具分类归纳完成后，妈妈再进行整理。

♡ 对宝宝的益处

让宝宝在众多的玩具中寻找到相同颜色的玩具，是对宝宝观察力及分辨归类能力的一种锻炼，也是对宝宝逻辑思维能力的有效训练。不仅如此，这一游戏也有利于培养宝宝拿东西要放回原处的良好生活习惯。

注意事项

在游戏的过程中，宝宝可能会失去耐心。此时，妈妈应该想办法提高宝宝的游戏兴趣，可以和宝宝展开比赛，如宝宝收拾红色的玩具，妈妈收拾蓝色的玩具，看谁收拾得又快又好。

- 在游戏的过程中，妈妈可以给宝宝提供帮助，但是始终要以宝宝的行动为主。

第四章 妈妈与10~12个月宝宝一起玩的游戏

五只小狗汪汪叫

自我认知、数字、语言感受和理解能力的训练

游戏道具	无	游戏时间	宝宝睡醒的时候，随时	游戏场地	室内，较为安全的场所

☀ 游戏步骤

1 让宝宝光脚坐着或站着。

2 妈妈用双手摸着宝宝的脚趾，顺序为从大脚趾到小脚趾。

3 在摸脚趾的同时，妈妈唱儿歌"一只小狗，两只小狗，三只小狗，四只小狗，五只小狗汪汪叫"，一边一个个地扳脚趾，当唱到五只小狗汪汪叫时，让宝宝抬起被摸脚趾的脚。

4 一只脚做完后，接着做另一只脚。连续做2~3次后，游戏结束。

♡ 对宝宝的益处

处在这一阶段的宝宝自我意识渐渐萌发，而对自我的认知，往往是从自身的五官、肢体开始的。这一游戏让宝宝能认识到自己的双脚，有利于自我意识的形成。通过语言的刺激，宝宝对数字也有了一个初步的概念。

注意事项

在宝宝抬脚的时候，要注意安全，防止宝宝摔倒。

神奇的手指点画

游戏道具	红黄蓝水粉颜料，大白纸，碟子	游戏时间	白天	游戏场地	室内，较为宽敞的场所

☀ 游戏步骤

1 将红黄蓝三种颜色的颜料分别装入碟子中。

2 铺开大白纸，先画好树干。

3 跟宝宝蹲在画好树干的大白纸前，对宝宝说："春天到了，大树要长叶子了，宝宝我们一起来帮大树长出叶子好吗？"

4 给宝宝做示范：张开右手，并浸入装有颜料的碟子中，轻轻地提起，然后在大白纸上的树干旁按一下，说："你看叶子长出来了，宝宝快来帮忙吧！"

5 先协助宝宝按上几片"树叶"，然后让宝宝自己玩。

6 在宝宝按出不同颜色的"树叶"时，告诉宝宝，然后对宝宝说："宝宝，画一片蓝色的叶子"或"画一片红色的叶子"，让宝宝自己辨别、寻找相应的颜色。通过妈妈的语言跟进，宝宝可以对颜色进行学习。

⦿ 对宝宝的益处

这个游戏可以让宝宝对红黄蓝三种基本颜色有一个初步的认知；用手掌按出五颜六色及形状各异的树叶，有助于开发宝宝的想象力。

注意事项

在游戏的过程中，一定要留意宝宝的动作，不要让孩子将颜料吃到嘴里。

在左手还是在右手

游戏道具	宝宝喜欢的小玩具	游戏时间	白天、晚上，宝宝睡醒后，精神状态较好时	游戏场地	室内、室外均可

☀ 游戏步骤

1 和宝宝面对面坐着，先用右手拿着宝宝喜欢的玩具，逗引宝宝。

2 当吸引住宝宝的注意，且宝宝玩得很高兴的时候，当着宝宝的面将玩具交到左手，并藏在身后。

3 装作很奇怪的样子问宝宝："宝宝，玩具上哪儿去了，可以帮妈妈找找吗？"

4 妈妈指着上方，逗引宝宝向上看，说："在天上。"然后摇摇头，说："没有。"

5 接着指着地面，逗引宝宝向地面看，说："在地上。"摇摇头，说："还没有。"

6 伸出右手，说："在右手。"摇摇头，说："还是没有！"

7 然后伸出左手，说："在左手。"摇摇头，说："还没有啊！"

8 妈妈问："宝宝，玩具到底在哪儿？"直到宝宝自己爬到妈妈背后，将玩具拿出来。

▽ 对宝宝的益处

妈妈和宝宝在玩这个游戏的时候，通过具有耐心的循序诱导，不仅能让宝宝对空间概念有所认知，还能激发宝宝的好奇心及主动学习的潜能。平时多和宝宝玩这种类型的游戏，可以促进宝宝运动、思维能力的发展。

注意事项

在逗引宝宝寻找玩具的过程中，妈妈要表现出真的不知道玩具在哪儿，需要宝宝帮忙的样子。

滑滑梯

胆量培养及
数字认知的训练

游戏道具	无	游戏时间	白天、晚上均可	游戏场地	室内、室外均可

☀ 游戏步骤

1 妈妈与宝宝面对面，宝宝跨坐在妈妈膝盖上。

2 妈妈双手扶住宝宝腋下，一边唱儿歌："滑滑梯、滑滑梯，你先我后别着急；上来好像爬高山，爬了一级又一级"，一边让宝宝随着儿歌的节奏进行晃腿、屈膝、伸腿、坐起等动作。

3 然后将宝宝拉起，回到原来坐的位置，继续下一次的向下滑行。

◉ 对宝宝的益处

这个游戏可以锻炼宝宝的胆量，同时在自编的儿歌中加入数字，有利于宝宝认知数字，形成数字概念。

注意事项

- 在游戏的过程中，妈妈要注意保护宝宝，防止宝宝摔倒。
- 宝宝第一次做向下滑行的动作时，妈妈要抓紧宝宝的双手，以减缓向下滑行的速度。

盒子里面有什么

观察能力及
独立思考能力的训练

游戏道具	鞋盒、铃铛、细绳、剪刀	游戏时间	白天、晚上均可	游戏场地	室内，垫子或地毯上

游戏步骤

1 用细绳系住铃铛，然后用剪刀剪开鞋盒较短的一边的纸板，将铃铛放进去，合上鞋盒，确保有一段绳子留在鞋盒外。

2 拿着盒子去逗引宝宝，轻轻晃动，让盒子里面的铃铛发出声音。

3 成功吸引宝宝的注意力后，将盒子放在宝宝的面前，然后拉动留在外面的绳子将铃铛拉出来。

4 在宝宝还没有要铃铛的时候，把铃铛重新放回盒子内。然后，继续轻轻晃动，让宝宝听到里面发出的铃铛声。

5 将盒子给宝宝，仔细观察宝宝的表现，看看宝宝如何拿出盒子内的铃铛，看看他们是不是会用妈妈刚才用的拉绳子取出铃铛的办法。

对宝宝的益处

对于未知的东西，宝宝总是会表现出浓厚的兴趣。把铃铛放到盒子里面，能成功地吸引宝宝的注意，让宝宝有兴趣继续这个游戏。通过这个游戏，妈妈事先的示范，以及宝宝自己想办法将盒子中的铃铛取出来，能很好地锻炼宝宝的观察及独立思考能力。

注意事项

在宝宝想办法，动手去取盒子内的铃铛时，妈妈只需在一旁观察就可以了，千万不要打扰宝宝。

搭积木，推宝塔

受挫能力、自信心培养及自我认知的训练

游戏道具	儿童积木	游戏时间	白天、晚上均可	游戏场地	室内，垫子或地毯上

☀ 游戏步骤

1 将宝宝的积木放到垫子或地毯上。

2 引导宝宝跟自己一块儿搭积木，开始的时候协助宝宝，在搭建几块儿后让宝宝自己动手搭建。

3 当宝宝的积木搭建到一定高度的时候，趁宝宝不注意抽掉其中的几块，然后拿起宝宝的小手，将搭建好的积木全部推倒。

4 继续引导宝宝，让宝宝用积木搭建宝塔，然后继续推倒。

◎ 对宝宝的益处

在整个游戏过程中，搭建的工作以宝宝为主导，妈妈不要轻易帮忙，并且还要巧妙地加以破坏，直到宝宝搭建的宝塔越来越高。这个游戏不但可以锻炼宝宝的受挫能力，还能有助于帮助宝宝建立自信。

注意事项

当推倒宝宝辛辛苦苦搭建好的积木宝塔时，宝宝可能会哭泣。妈妈在安抚的同时要积极引导，让宝宝调整心态，重新去搭建。

第五章

妈妈与 1~1.5 岁宝宝 一起玩的游戏

1~1.5 岁宝宝
生长发育特点

1~1.5 岁宝宝

身体特征

1 岁的宝宝模仿能力很强，记忆时间短，注意力集中时间也很短，不过到宝宝 1 岁半时已经能够集中注意力观看动画片或图画书，并能够记住动画片中的部分内容。

语言能力

对语言的理解能力增强，能够说出 10~20 个单词，可以准确地理解一些简单语句的意思；开始明白、理解一些简单故事、儿歌的含义；1 岁半时，有的宝宝能跟妈妈顺利的沟通。

动作能力

可以稳稳当当地站立，并能够独立行走了，只是步态有些东倒西歪；能够自己拿勺子吃饭、端杯子喝水，用遥控器开电视机；自己学习穿鞋子，会搭积木，用棍子穿起木珠。

社交能力

"自私"性明显，不愿与别人分享喜欢的玩具和亲人；自主意识增强，有自己的愿望和喜好，喜欢说"我的"，学会了反抗妈妈和耍性子。

拍拍手，跺跺脚

语言理解及
肢体动作协调的训练

游戏道具	播放器，《幸福拍手歌》的音乐文件	游戏时间	宝宝精神状态较好时	游戏场地	室内，床上、垫子或地毯上

❀ 游戏步骤

1 跟宝宝面对面地坐下。

2 播放《幸福拍手歌》的音乐，带着宝宝念歌词，"如果感到幸福，你就拍拍手……"并示范做相应的动作。如在唱到"你就拍拍手"时，向宝宝示范拍手的动作，并提示宝宝跟着一起做。

⬦ 对宝宝的益处

在轻柔的音乐中，引导和鼓励宝宝跟着念歌词以及做相应动作，既是对宝宝语言理解能力的锻炼，同时也是对宝宝的动作和语言协调能力的锻炼。

注意事项

- 在游戏的过程中，妈妈要积极引导，让宝宝理解歌词的意思，并跟着一起做相应的动作。
- 遵循由慢到快的顺序，在开始的时候，妈妈要控制好节奏，节奏太快，宝宝跟不上，会失去参加游戏的兴趣。

我说，你也说

语言表达、人际交往智能开发的训练

游戏道具	动物造型类小玩具	游戏时间	白天、晚上均可	游戏场地	室内，垫子或地毯上

☼ 游戏步骤

1 和宝宝面对面坐下，拿出小玩具逗引宝宝。通过玩具，模仿玩具的声音跟宝宝对话，如："宝宝，宝宝，你好，我是小熊"。

2 在成功地吸引宝宝的注意，引起宝宝的兴趣后，依然用玩具熊的口吻跟宝宝说话，提出要跟宝宝做一个游戏：妈妈说什么，宝宝跟着学。

3 从简单、容易发音的语言开始，如"你好！"要求宝宝跟着学，慢慢地增加难度，根据实际的情况，还可以加入一些朗朗上口、通俗易懂的诗词，如骆宾王的《鹅》"鹅鹅鹅，曲项向天歌。白毛浮绿水，红掌拨清波。"

注意事项

互动，增加趣味性，让宝宝觉得有趣，是妈妈在跟宝宝游戏中所必须遵循的原则。同宝宝做这个游戏时，妈妈可以改变说话的声音，让宝宝听起来觉得很好玩。

♡ 对宝宝的益处

不断地重复，让宝宝跟着妈妈说，锻炼的是宝宝的语言表达能力。同时，在互动的过程中，妈妈根据实际情况加入相应的内容，有利于宝宝人际交往智能的一种开发。另外，适时地加入一些古诗词，可以在不知不觉中让宝宝受到传统文化的熏陶，起到提升宝宝的品位和鉴赏能力的作用。

撕呀撕面条

手指动作、精细动作及手眼协调能力的训练

游戏道具	各种颜色的面巾纸若干张，小碗1只	游戏时间	白天	游戏场地	室内

☀ 游戏步骤

1 准备好面巾纸和小碗，跟宝宝坐在面巾纸和碗的旁边。

2 对宝宝说："宝宝，面条好吃吗？我们一起来做面条吧！"

3 拿起一张面巾纸，给宝宝做示范：先将面巾纸对折，用双手的拇指和食指捏住纸的两端，轻轻一撕，撕出一条细细长长的"面条"。然后将"面条"放到碗中。

4 让宝宝根据自己的示范去撕"面条"。在开始的时候可以提供相应的协助，然后让宝宝自己动手去做，当宝宝做得不错的时候，予以鼓励。

♡ 对宝宝的益处

在撕"面条"的过程中，宝宝手指动作的灵活与协调可以得到训练，宝宝的手指精细动作得到发展。宝宝的手眼协调能力得到锻炼。有研究表明，手指与大脑之间存在着非常广泛的联系，如果宝宝手指非常灵活，触觉会更敏感，会更聪明、更加具有创造性，思维也会更加开阔。因此，建议妈妈和宝宝多玩这一游戏。

注意事项

防止宝宝将面巾纸撕的"面条"当成真面条，吃到嘴中。

眼力大考察

视觉辨别及
记忆力开发的训练

游戏道具	小动物或者水果图片卡，A4 白纸

游戏时间	白天，较为安静的时候

游戏场地	室内，垫子或地毯上

☀ 游戏步骤

1 把图片卡和白纸先放到垫子或地毯上，然后同宝宝一起坐下。

2 拿出图片卡，让宝宝一张张看，并问图片上画的是什么。

3 引导宝宝，对宝宝说："我们一起来玩一个好玩的游戏，看看宝宝能不能猜出来图片上是什么。"同时，用白纸盖住图片。

4 在宝宝盯着白纸看的时候，暂时不要打搅他，可以慢慢地移动白纸，露出图片卡中的一部分。此时，宝宝的兴趣更浓，更加想要知道图片中是什么。妈妈应当引导宝宝去猜，让宝宝说。

5 在一边引导宝宝猜的过程中，一边慢慢移动白纸，当画面的大部分内容露出后，宝宝也就会说出图片上画的是什么了。

注意事项

图片卡的选择，应是宝宝以前玩过的且熟悉的卡片。

- 所选的图片卡，画面要简单，并且容易辨认。
- 在让宝宝猜的过程中，不要让宝宝一下子就知道答案。

♡ 对宝宝的益处

以宝宝熟悉的图片卡为游戏道具，用白纸盖住，一点点地让宝宝看到图片的内容，在锻炼宝宝记忆力的同时，还能激发宝宝的思维，锻炼宝宝的观察辨别力。

这样玩 孩子智商高 情商高

拇指歌

自我意识以及数字、语言表达能力的训练

游戏道具	无	游戏时间	宝宝精神状态较好时	游戏场地	室内

☀ 游戏步骤

1 抱着宝宝面对面坐下。

2 一只手握着宝宝的手，一只手点宝宝的手指，从大拇指开始到小手指。一边点着一边唱童谣："大拇哥，二拇弟，中三娘，四兄弟，小妞妞，来看戏，手心手背，心肝宝贝。"在唱到"手心手背"时，分别拍一下宝宝的手心和手背。

3 一只手完了后，换另一只手，两只手交替进行，并且让宝宝跟着一起念童谣。

▷ 对宝宝的益处

"大拇哥，二拇弟……"是我国流传已久的童谣。妈妈边唱着童谣，边点数宝宝的手指，除了能让宝宝对自我的双手有一个认知外，还可以学习和认识数字，以及锻炼宝宝的语言表达能力。

注意事项

同宝宝玩这一游戏时，妈妈要洗干净手，确保指甲整齐，以免在游戏的过程中划伤宝宝的肌肤。

● 为了增强游戏的节奏感，增添游戏的乐趣，妈妈可以选择播放宝宝平时喜欢听的，较为舒缓的音乐。

第五章 妈妈与1~1.5岁宝宝一起玩的游戏

89

套指环

游戏道具	彩色纸条若干	游戏时间	无具体时间要求	游戏场地	室内

游戏步骤

1 妈妈先将彩色纸条折成10个小戒指。

2 跟宝宝面对面而坐，让宝宝伸出一只手来，然后抓住宝宝的手，将其中的一只戒指套到宝宝的手指上，并且说"戒指，宝宝戴上了一个"。接着给宝宝的另一个手指戴上戒指，说"2个"，边给宝宝套戒指，边数数，直至10个手指都套上。

3 一个一个地取下宝宝套在手指上的戒指，同上面一样边取边数数。

4 引导，鼓励宝宝自己套戒指，在宝宝套戒指的时候，让宝宝跟着自己一起数数。当宝宝顺利套上戒指时，及时予以称赞。

注意事项

在开始的时候，宝宝可能不会顺利地套上戒指，可能会变得有些烦躁、着急。妈妈应当在一旁予以安抚、鼓励。

对宝宝的益处

宝宝往自己的小手指上套戒指，可以锻炼手部的精细活动能力，同时，跟着妈妈一起数数字，可以让宝宝认识到1~10的简单数字，有利于宝宝以后学习数学知识。

小火车要拉货

自信心培养、独立思维开发的训练

游戏道具	玩具积木	游戏时间	白天，环境较为安静时	游戏场地	室内，垫子或地毯上

☀ 游戏步骤

1 跟宝宝坐在垫子或地毯上，拿出玩具积木。

2 引导宝宝，并跟宝宝一起将积木排成"小火车"。

3 对宝宝说："呜呜呜，小火车来了，小火车要拉货。"引导宝宝，在"小火车"上在叠一层。

4 跟宝宝推"小火车"，然后停下，说："呜呜呜，小火车来了，小火车还要拉货。"让宝宝再叠一层。

5 推"小火车"，停下，说："呜呜呜，小火车来了，小火车要卸货。"让宝宝取下一层积木。

6 重复3~5的动作。

◉ 对宝宝的益处

宝宝在1~1.5岁的阶段，自我意识逐渐增强，让宝宝自己动手去做一些事情，有利于宝宝自信心的养成及自我独立思维的开发。"小火车要拉货"的游戏，让宝宝在游戏中占主导地位，妈妈只是在一边协助，就能很好地达到这一目的。

注意事项

在开始推小火车时，妈妈应跟宝宝一起动手去做，宝宝熟悉了后，便要以宝宝为主导。

妈妈走，我也走

人际交往、与他人配合能力的训练

游戏道具	无	游戏时间	白天、晚上均可	游戏场地	室内，垫子上

游戏步骤

1 妈妈和宝宝脱掉鞋子只穿着袜子或光着脚，面对面地站着。

2 妈妈让宝宝站在自己的脚背上，并让宝宝牵着自己的手。

3 待站稳适应后，唱儿歌："妈妈走，宝宝走，天南地北到处游"，并同时移动双脚带着宝宝一起走。

4 在宝宝熟悉、适应面对面的方式后，可以将宝宝换一个方向，继续游戏。

对宝宝的益处

此游戏中需要妈妈和宝宝的配合，有利于形成宝宝与他人协调配合的观念，并在潜移默化中提升宝宝的协调配合能力。

注意事项

在宝宝换方向后，要注意抓紧宝宝的胳膊，走动要慢一些，防止宝宝摔倒。

小小饲养员

生活动作技能、习惯，以及人际交往能力的训练

游戏道具	毛绒小动物玩具，小碗、勺子各1只	游戏时间	白天	游戏场地	室内

游戏步骤

1 将毛绒小动物玩具和其他的道具放到宝宝面前。

2 对宝宝说："小动物饿了，要吃饭了，宝宝能帮帮他吗？"

3 宝宝答应后，协助宝宝扶住装有豆子的碗，拿起小勺子舀起豆子，送到小动物的嘴边，并发出"叭叭"的吃饭声音。

对宝宝的益处

宝宝不好好吃饭，历来是妈妈感到头疼的问题。这一游戏，让宝宝模仿妈妈给小动物喂饭，可以让宝宝体会到妈妈喂饭的辛苦，有利于帮助孩子建立起良好的生活习惯，不仅如此，喂饭的训练还为宝宝今后独立吃饭、掌握正确握勺做好了相应的技能准备。

注意事项

在游戏过程中，注意不要让宝宝把豆子塞到嘴里。

第五章 妈妈与1~1.5岁宝宝一起玩的游戏

摘苹果

游戏道具	小网，玩具水果，小篮子，回形针	游戏时间	白天	游戏场地	室内，靠墙壁较为宽敞的地方

游戏步骤

1 先将网展开挂在墙上，然后用回形针将玩具苹果挂在网上。

2 将篮子给宝宝，牵着宝宝的手来到网前，对宝宝说："宝宝，秋天来了，你看有好多的苹果啊。我们一起摘苹果吧！"

3 先给宝宝示范，摘下一只苹果。

4 协助宝宝摘下几只苹果，然后让宝宝自己摘。在看到宝宝摘下苹果后，表示高兴并加以称赞，说"宝宝真棒""宝宝真了不起"类似的语言。

对宝宝的益处

宝宝在向上举起手臂的时候，手臂肌肉和手眼协调能力得到锻炼。另外，在游戏的过程中，妈妈可以通过语言让宝宝知道自己爱吃的苹果都是这样从树上摘下来的，会让宝宝知道劳动的辛苦，知道苹果的来之不易，对养成珍惜劳动果实有一定的益助。

注意事项

在往墙上挂网的时候，应尽量牢固，避免宝宝在摘苹果的时候网掉下来，罩住宝宝。

• 网上的果子不宜挂得太高，以宝宝手臂上举刚好碰到果子为宜。

扑蝴蝶

独立行走、手指抓握及手眼协调能力的训练

游戏道具	筷子1根，胶水、彩蝴蝶若干	游戏时间	白天，天气较好的时候	游戏场地	户外，宽敞的草坪上

☼ 游戏步骤

1 将彩纸做的蝴蝶用胶水粘在筷子上。

2 在宝宝眼前轻轻晃动，像是蝴蝶在飞舞，去逗引宝宝来追捉蝴蝶。

3 在宝宝追捉蝴蝶的过程中，为引起宝宝的兴趣，妈妈可唱儿歌："小蝴蝶，真美丽，张开翅膀飞呀飞，一会高，一会低，看看哪个宝宝能抓到。"

▽ 对宝宝的益处

"蝴蝶"是不断地"飞舞"的，宝宝只有做到手眼协调才能抓住，所以，这一游戏也能很好地锻炼宝宝的视觉追踪能力、颈部灵活性、手部方向控制能力。

注意事项

宝宝抓不到蝴蝶的时候，妈妈可以将蝴蝶故意凑到宝宝手中，并表现得非常高兴，说："宝宝真棒，抓住了。"

小骑士骑大马

身体平衡能力和
胆量的训练

游戏道具	无	游戏时间	无特殊要求	游戏场地	室内、室外均可

游戏步骤

1 让宝宝坐在爸爸的颈肩上，双手拉住爸爸的手。此时，宝宝可能会紧张、害怕，妈妈应面带微笑并安抚、鼓励宝宝。

2 宝宝情绪稳定后，爸爸尝试着向前走动，妈妈在后面扶着宝宝，并说："小骑士，真勇敢，骑大马，驾驾驾"。

3 来回走了一段时间，宝宝适应后。妈妈可以引导宝宝，问宝宝是不是可以快一些。宝宝答应后，爸爸的步子可以迈大一些。

4 宝宝渐渐适应后，爸爸可以增加动作难度，如蹲下起来、圆弧绕行等。

对宝宝的益处

这是较为传统的亲子类游戏，需要爸爸配合。此游戏，不仅有利于增进宝宝和爸爸之间的情感，还可以锻炼宝宝的胆量和身体平衡能力。

注意事项

宝宝骑上爸爸的颈肩时，爸爸动作不要过快、过大。

- 为了安全起见，爸爸还应当用手抓住宝宝的双腿，而妈妈则应该从后面辅助宝宝。

嵌板

观察力和
小手灵活性的锻炼

游戏道具	水果或动物嵌板	游戏时间	白天	游戏场地	垫子或地毯上

⚙ 游戏步骤

1 妈妈说出水果名称，让宝宝拿出对应的水果。

2 家长示范将水果放入嵌板，让宝宝观察，然后引导宝宝将水果放入嵌板。

3 最开始家长可以让宝宝一个一个地练习，待宝宝熟练后，可以陆续加大难度，将嵌板上所有图形拿下来，让宝宝放入。

♡ 对宝宝的益处

嵌板放入时的转动，锻炼宝宝小手的灵活性，同时也是对宝宝观察力、对应能力的练习。

注意事项

注意循序渐进和语言上的引导，切不可操之过急。最开始让宝宝观察水果时，家长可以引导宝宝说出或直接说出水果的颜色、大小等，帮助宝宝判断。

隧道旅行

身体协调平衡能力及规则意识的训练

游戏道具	大纸箱若干、宝宝喜欢的玩具	游戏时间	白天	游戏场地	室内，地毯上

🎮 游戏步骤

1 将大纸箱两侧打开，摆放在地毯上，并连接成隧道，把宝宝喜欢的玩具放在隧道一边的出口。

2 引导宝宝弯腰钻隧道，去拿隧道一边的玩具。

3 宝宝钻过隧道，拿到玩具后，妈妈要表现得高兴，亲吻并称赞宝宝。

4 在宝宝喜欢上这一游戏后，逐渐加长隧道的长度及难度。如果在开始的时候是直道，就可以慢慢地增加弯道。

🛡 对宝宝的益处

钻隧道的游戏，可以让宝宝学会弯腰、爬行的动作；另外在钻隧道的过程中，需要弯腰、侧身、手脚和身体配合，能让宝宝全身动作协调性得到发展。另外，对宝宝不想钻隧道就拿玩具行为的阻止，也让宝宝对规则有了一定感知。

注意事项

- 在游戏的时候，宝宝可能想早点拿到玩具而不会钻隧道，此时妈妈一定要予以阻止，让宝宝明白要想拿到玩具，就必须钻过隧道。
- 在宝宝钻隧道的时候，为了让宝宝有兴趣继续这一游戏，妈妈可以在一旁喊"加油"或说一些激励宝宝的话。

拧大螺丝

专注力、
手腕灵活度的锻炼

游戏道具	各种颜色形状的大螺丝	游戏时间	白天	游戏场地	室内，垫子或地毯上

☼ 游戏步骤

1 先让宝宝观察大螺丝，妈妈语言引导，红色的螺丝、蓝色的螺丝等，还可以描述螺丝的形状。

2 妈妈示范拧动螺丝，转腕动作要夸张，让宝宝观察到动作的变化。

3 把螺丝交给宝宝观察，旋转的时候妈妈要同时告诉宝宝："拧一拧"。

▽ 对宝宝的益处

拧大螺丝游戏有利于锻炼宝宝手腕灵活度，通过观察螺丝的粗细、颜色、形状等，宝宝的专注力、观察力可以同时建立对应关系。

注意事项

随着宝宝年龄的增长，家长可以找更小的螺丝。

第五章　妈妈与1~1.5岁宝宝一起玩的游戏

小汽车过独木桥

游戏道具	玩具汽车、纸箱各2个，硬纸板1块	游戏时间	无具体要求	游戏场地	室内，垫子或地毯上

🎮 游戏步骤

1 跟宝宝一起动手，将硬纸板搭在两个纸箱上，做成"独木桥"。

2 拿起宝宝的玩具小汽车，向宝宝示范从硬纸板的一头推到另一头，过独木桥。可以同时唱自编的儿歌，如"小汽车，滴滴滴，过小桥，别着急。小桥窄、小桥直，小小司机看仔细。滴滴滴，滴滴滴，小车开到（上海）去"。

3 让宝宝拿起另一个玩具汽车，用手推着过独木桥。

4 为了增加游戏的乐趣和难度，妈妈可以和宝宝展开比赛，追赶宝宝的玩具汽车，或者是让宝宝追赶妈妈的玩具汽车。

🛡 对宝宝的益处

妈妈和宝宝玩这个游戏，可以让宝宝手的灵活性及控制力得到很好的锻炼，有利于宝宝大脑的开发。自编的儿歌让宝宝跟着唱念，不但能强化宝宝对一些事物的认识，还可以增强宝宝的语言理解及表达能力。

注意事项

家长在说地名时，可以不断地变化，宝宝会跟着一起说。通过模仿不同的地名，增加宝宝地名的储备量。

宝宝画皮球

游戏道具	玩具球，A4 纸，彩笔若干	游戏时间	白天，环境较为安静时	游戏场地	室内

☀ 游戏步骤

1 拿出玩具球、纸张等道具，放在茶几或宝宝用的小桌子上。

2 引导宝宝观察球，让宝宝认识到球是圆形的。

3 给宝宝做示范，拿起笔在 A4 纸上画一个圆形，对宝宝说："宝宝，你看，球是圆形的，这是圆啊！"

4 握住宝宝的手，边教宝宝画圆，边跟宝宝说："小篮球，圆圆的。"

5 圆形画好后，引导宝宝用彩笔给球涂颜色。

▽ 对宝宝的益处

跟宝宝所玩的每一个游戏，只需要妈妈引导好都能够对宝宝的智力开发起到一定的作用。让宝宝观察球的形状，然后画圆，并且按照自己的想象给圆添上颜色，既是在有意识地培养宝宝的观察力，也是对宝宝想象力的开发。

注意事项

在宝宝用彩笔给圆涂颜色时，妈妈只需在一旁观察就可以了，不要跟宝宝说应该用什么颜色之类的话，以免影响宝宝的思维。

大串珠

手眼协调能力、控制力的锻炼

游戏道具	彩色大串珠	游戏时间	白天	游戏场地	室内，茶几或垫子上

游戏步骤

1 家长先对串珠形状、颜色描述，让宝宝用眼睛看，用手摸形状。

2 家长示范一只手拿起串珠线头的小棍儿，另一只手拿好串珠，从串珠小孔插入小棍儿，从另外一头拔出。

3 让宝宝自己完成串珠动作，穿的过程中家长可以语言跟进"串一个红色的三角形，串一个蓝色的正方形……"

对宝宝的益处

大串珠游戏有利于锻炼宝宝小手肌肉群，以及手眼协调能力、控制能力，同时可以提高宝宝对颜色和形状的认知。

注意事项

在宝宝串珠子的过程中，家长要注意将掉落在地上的珠子及时捡拾回来，以免游戏后宝宝因踩到珠子而摔倒。

这样玩　孩子智商高　情商高

快乐小司机

游戏道具	椅子1把	游戏时间	白天，环境较为安静时	游戏场地	室内

☼ 游戏步骤

1 妈妈坐在椅子上，左手从后面环抱住宝宝。

2 引导宝宝，"宝宝，这是小汽车，我们一起开车出去玩好吗？"妈妈右手做转动方向盘的姿势。

3 妈妈对宝宝说："滴滴，小汽车开动了，宝宝快跟妈妈一起转动方向盘，向左——向右——"，同时妈妈扶住宝宝的身体向相对应的方向微微倾斜。

♥ 对宝宝的益处

这个游戏能培养宝宝的运动感觉，让宝宝对运动时的空间感更熟悉，了解到自己所处环境的空间位置。

注意事项

在开始游戏的时候，妈妈说出方向的同时应轻轻地扶住宝宝的身体向相对应的方向倾斜，以协助宝宝掌握方向。提示几次后，就让宝宝自己把握方向。
- 在倾斜的时候，幅度不要太大，要防止宝宝从椅子上摔下来。

快乐保龄球

独立思考及
解决问题能力的训练

游戏道具	玩具球，空的饮料瓶 5 个	游戏时间	白天	游戏场地	室内

☀ 游戏步骤

1 在客厅较为宽敞的地方，将空饮料瓶摆放在一起，成三角形。

2 在距离摆好的空饮料瓶约 50 厘米的地方，滚动玩具球去撞击空的饮料瓶，并对宝宝说："1、2、3 全打中。"

3 将击倒的空饮料瓶重新摆放好，让宝宝用玩具球去撞击。

4 宝宝没有击倒空饮料瓶，要耐心地教宝宝怎样才能顺利地击倒空饮料瓶。

5 当宝宝做得比较好的时候，鼓励他再接再厉。

注意事项

所选用的饮料瓶，最好是塑料的，并拧上盖子。

- 玩具球应大一些，确保在滚动时能撞倒饮料瓶。

▽ 对宝宝的益处

妈妈在向宝宝做了示范和讲解了如何才能击倒饮料瓶后，宝宝在游戏的过程中会不断地调整及寻找更好的办法去击倒饮料瓶，对于宝宝的独立思考和解决问题的能力是一种很好的锻炼。

直线行走

独立行走及空间几何概念认知的训练

游戏道具	粉笔	游戏时间	白天	游戏场地	室内、室外均可

☀ 游戏步骤

1 在地上画一条长约 2 米的直线。

2 牵着宝宝的手，向宝宝演示：沿着直线往前走。边走边唱："小白线，直又长，小宝宝，沿线走，快又直。"

3 牵着宝宝的手，向宝宝演示几遍后，让宝宝自己沿着直线行走。当宝宝偏离直线时，要提醒宝宝。

4 当宝宝能基本把握走直线时，在旁边再画上一条直线，牵着宝宝的手，一人沿着一条直线行走，进行比赛。

▽ 对宝宝的益处

直线行走的游戏，不仅能够锻炼宝宝的行走能力，还因为要沿着直线行走，会加深宝宝对规则的认知。另外，歌谣中"线""长""直"等有利于宝宝认知空间几何概念。

注意事项

在牵着宝宝手行走的过程中，要以宝宝的行动为主，在宝宝没有出现大的偏离直线时，不要总是干涉。

- 在比赛的过程中，妈妈要学会故意输给宝宝。

大小圆补洞洞

游戏道具	硬纸板、剪刀、不同颜色的彩笔	游戏时间	白天	游戏场地	室内，垫子或地毯上

游戏步骤

1 用剪刀在硬纸板上剪下 3~4 个小圆，并用不同颜色的彩笔涂上颜色。

2 引导宝宝认识硬纸板上剪出的圆洞，告诉宝宝这是"圆"的。

3 拿出其中的一个小圆，继续引导宝宝，并跟宝宝做示范：将小圆放到相应的圆洞中。

4 同宝宝一起做，拿起一个小圆，问："宝宝，这个小圆应该放在哪里呢？"此时，要让宝宝主动去寻找。宝宝指着其中的一个圆洞后，即便是错了也不要指出，而是拿小圆去填圆洞，并对宝宝说"你看这个好像有些大，放不进去"或"这个太小了，都没有填满"。让宝宝自己意识到选择错了，继续寻找。

5 当宝宝终于选择正确时，妈妈要表现得很高兴，并夸奖宝宝。

对宝宝的益处

此游戏关键在于妈妈的引导，让宝宝在实际动手的过程中，认识到大小洞和大小圆之间的关系，既可以开发宝宝的分辨逻辑思维能力，又有利于培养宝宝解决问题的能力。

注意事项

在用剪刀剪完硬纸板上的圆洞后，及时将剪刀收好，以免宝宝乱动而伤到宝宝。

- 纸板上的洞，不要剪得太多，最好在 4 个以内，以免给宝宝造成混乱。
- 所剪的孔，大小的区别要明显，便于宝宝识别。

脚丫被粘住了

游戏道具	剪刀1把，宽透明胶带1卷，小玩具1~3件	游戏时间	白天	游戏场地	室内，垫子或地毯上

☼ 游戏步骤

1 用剪刀剪下几条半米左右的透明胶带，带有黏粘的一面朝上，放在垫子或地毯的中间，并把玩具摆放在另一端。

2 让宝宝待在垫子或地毯没有玩具的一边。引导宝宝看到玩具，并鼓励宝宝过去拿。

3 在宝宝去拿玩具的过程中，诱导宝宝通过有胶带的地方。

4 当宝宝接触到胶带时，会被粘住，很自然地会去看自己的脚或其他被粘住的地方。宝宝可能会自己想办法摆脱胶带的纠缠，也可能会哭闹。

5 妈妈在安抚宝宝的时候应引导宝宝认识到脚被胶带粘住了，在帮助宝宝扯掉胶带时，记得向宝宝传输一个观念：在走路的时候要注意看看是不是有危险等。

6 隔几天，再玩同样的游戏，看看宝宝是不是会绕过有透明胶带的区域。

◎ 对宝宝的益处

这一游戏有利于培养宝宝的安全意识，同时，在再次进行相同游戏的时候，宝宝的观察、分析能力可以得到锻炼。

注意事项

- 剪刀用完后要收好，以免被宝宝发现拿着玩，伤到自己。
- 宝宝被透明胶带粘住后，可能会出现哭闹等情绪不稳定的情况，妈妈应细心地安抚，让宝宝感觉到你是在意、关心他的。

第五章 妈妈与1~1.5岁宝宝一起玩的游戏

宝宝推小车

轻重概念的认知
及坚强勇敢品格
培养的训练

游戏道具	玩具小推车、宝宝平时玩的一些玩具	游戏时间	白天	游戏场地	室内或室外较为平坦、宽敞的地方

❈ 游戏步骤

1 先引导并鼓励宝宝推自己的玩具小推车行走。

2 在宝宝渐渐熟练了如何推小推车后，将宝宝的一些玩具放到小推车内，增加小推车的重量和趣味性。

3 在宝宝推了一段时间增加了重量的小推车后，把小推车上的玩具全部拿下来，让宝宝推空车。

4 再把玩具放到小推车上，然后取下，又放上。如此反复多次。

◎ 对宝宝的益处

锻炼宝宝的行走能力，以及感受在推车的时候，随着重量加减所带来的变化。在游戏的过程中，妈妈适当地加以引导，可以让宝宝认识到什么是"重"，什么是"轻"。另外，宝宝摔倒后，鼓励宝宝自己爬起来，有利于宝宝坚强、勇敢等良好性格的培养。

注意事项

此时宝宝虽然能蹒跚行走，但因步伐不稳，一旦行走的较快，可能容易摔倒。所以，妈妈在游戏的过程中一定要有所注意。宝宝摔倒后，妈妈应该鼓励宝宝勇敢地自己站起来。

这样玩 孩子智商高 情商高

推球球

游戏道具	塑料球或乒乓球1个	游戏时间	白天	游戏场地	室内，矮桌或茶几旁

游戏步骤

1 妈妈和宝宝分别站在桌子的两边。

2 妈妈用手在桌子上推动球，让球向宝宝那边滚去，同时唱自编的儿歌，如"小球小球圆又圆，宝宝推它滚向前。"

3 当球滚到宝宝那边时，引导宝宝接球。

4 宝宝接住球后，予以夸奖，并让宝宝将球滚回来。

对宝宝的益处

此游戏有利于锻炼宝宝的身体协调能力，因为在游戏过程中妈妈始终与宝宝在互动，有助于宝宝人际交往智能的开发。为了让宝宝能与其他人交往，平时妈妈应当多与宝宝做一些类似的互动游戏。

注意事项

此时的宝宝虽然可能学会了走路，但是还不太稳健。因此，在游戏的过程中，妈妈要注意宝宝的活动，避免宝宝玩得太高兴而摔倒。

大拖鞋，小拖鞋

游戏道具	小玩具若干，大拖鞋、小拖鞋各1只	游戏时间	白天或晚上睡觉前	游戏场地	室内，垫子或地毯上

☀ 游戏步骤

1 将妈妈或爸爸的大拖鞋、宝宝的小拖鞋混在宝宝的玩具中，放在垫子或地毯上。

2 引导宝宝发现到玩具中夹杂着两只拖鞋。

3 引导宝宝一只脚穿上一只拖鞋，鼓励宝宝在垫子或地毯上小步行走，同时可唱自编的儿歌，如"小宝宝，真奇怪，两只脚，穿拖鞋，一只大，一只小。"

♡ 对宝宝的益处

一只脚上穿着妈妈或爸爸的大拖鞋，一只脚穿着自己的小拖鞋，对于宝宝来说是十分有趣的事。这一游戏让宝宝通过亲身体验，并且在妈妈自编有趣的儿歌中对大、小的概念有了区分。同时，有趣而且贴近游戏内容的儿歌，会加深宝宝对儿歌内容的理解，有助于宝宝语言理解及表达能力的提升。

注意事项

用来当做道具的拖鞋一定要洗干净。

- 拖鞋的大小要区别开，并且要凑成一双，不要拿同一只脚的。
- 防止宝宝穿上拖鞋后行走摔跤。

小勺舀豆子

锻炼宝宝小手的灵活性，增强自理能力

游戏道具	塑料小勺1个，小碗2个，托盘一个，豆子若干	游戏时间	白天或晚上，精神状态较好时	游戏场地	室内，垫子上

☼ 游戏步骤

1 妈妈将豆子放进一个小碗里。将两个小碗并排放在托盘上。

2 引导宝宝坐在托盘面前，拿起小勺，将豆子舀到空碗里。

3 豆子转移的过程中妈妈在旁边语言跟进，1、2、3、4、5……

♡ 对宝宝的益处

该游戏能提高宝宝自己用勺子吃饭的能力，锻炼小手的灵活性，同时增强宝宝的自理能力、对数字的认识和理解能力。

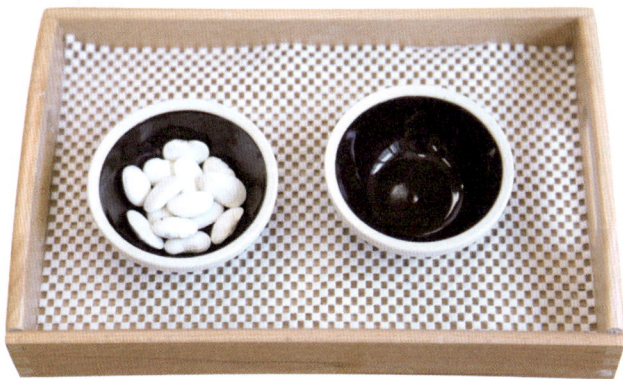

注意事项

游戏前，要给宝宝讲解活动规则和要求。还要给宝宝讲解红豆不能放在口中或拿着玩耍。

• 游戏过程中，注意宝宝的一举一动，以防宝宝将豆子塞进嘴里。

• 根据年龄对难度有不同的要求，最初让宝宝用手捏，将豆子从一个碗里转移到另外一个碗里，之后用小勺，1.5岁后可以用镊子。

第六章

妈妈与 1.5~2 岁宝宝
一起玩的游戏

1.5~2岁宝宝
生长发育特点

1.5~2岁宝宝

身体特征
宝宝的形状感知能力有了明显提高，能够区分多种物体形状，如三角形、圆形、方形；部分宝宝学会了区分颜色，有了一定的是非观念；观察能力提高，比如能发现墙上多了一块污渍，自己的布娃娃掉了一只鞋子等。

语言能力
宝宝有了一定的语言运用能力，不仅能够和父母沟通，有时候还会尝试反驳父母，为自己辩解；能够说出自己的名字和年龄以及父母的名字；可以背诵儿歌和唐诗。

动作能力
宝宝可以很熟练地走路和跑步，熟练地下蹲、起跳，能够爬到椅子上拿东西，扶着栏杆能够上下台阶；手部动作更加灵活，可以握着笔在纸上随意涂鸦，有的宝宝还能画出直线。

社交能力
宝宝的情感世界开始丰富，看到电视里的人物哭泣，也会感到悲伤；自主意识开始增强，自己的事情喜欢自己做，还喜欢帮爸爸妈妈做事。

这样玩　孩子智商高　情商高

宝宝，这是谁的

游戏道具	晾晒的衣服	游戏时间	在妈妈将晒在外面的衣服收回来时	游戏场地	室内

☀ 游戏步骤

1 当妈妈将衣服收进来或在叠衣服的时候，让宝宝来到自己身边。

2 拿起其中的一件衣服，问："宝宝，这是谁的衣服啊！"让宝宝回答。

3 宝宝回答后，接着问："这是什么颜色的啊！"当宝宝不知道怎么回答时，应耐心引导宝宝回答。

4 衣服收完或叠完后，游戏结束。

♡ 对宝宝的益处

这是妈妈和宝宝随时随地可以做的游戏，将生活中的事融入到游戏中，不但能提高宝宝对于生活的认知，还因为要分清是谁的衣服和颜色，能够使得宝宝的观察力和分辨力得到锻炼。

注意事项

在准备做这一游戏的时候，妈妈应先观察一下宝宝的精神和情绪状态。如果宝宝的精神及情绪状态不佳，就不要继续这一游戏。

采蘑菇的小宝宝

独立行走、下蹲动作能力，观察力和耐心培养的训练

游戏道具	小提篮，硬纸板，小兔子，剪刀	游戏时间	白天	游戏场地	室内，垫子或地毯上

游戏步骤

1 将彩色硬纸板用剪刀剪成蘑菇状，洒落在垫子或地毯上。

2 拿出玩具小兔子及小提篮，引导宝宝，可以这么说："小兔子饿了，想要吃蘑菇，宝宝能帮小兔子采一些蘑菇回来吗？"把小提篮给宝宝，给宝宝做示范，将蘑菇捡起放在小提篮内。

3 当宝宝将垫子或地毯上的蘑菇捡完时，让宝宝回到自己的身边。

对宝宝的益处

此游戏可以训练宝宝行走和蹲的动作能力，并且有利于培养宝宝的耐心、细致的良好习惯和品格。

注意事项

- 在垫子或者地毯上的蘑菇不要放太多，以免宝宝蹲的时间过长。
- 在撒放蘑菇的时候，尽量分散开，不要过于集中，要让宝宝自己去寻找，并提醒宝宝可能忽略的蘑菇。

这样玩 孩子智商高 情商高

116

玩具躲迷藏

观察力、分析力及逻辑思维的训练

游戏道具	小玩具1个，纸箱若干，彩笔1支	游戏时间	白天	游戏场地	室内

游戏步骤

1 先将纸箱用彩笔分别写上1、2、3的数字编号，然后摆放在客厅较为宽敞的地方。

2 当着宝宝的面将其中的一个玩具藏在其中的一个纸箱中，如"1"号纸箱中。

3 引导宝宝，说："1、2、3，3、2、1，玩具在哪里？"在宝宝指着纸箱的时候，让宝宝说出纸箱上的数字，然后让宝宝自己去看玩具是否在纸箱内。

4 宝宝找出玩具后，让宝宝藏玩具，妈妈猜。

5 妈妈猜出来后，接着宝宝猜，如此反复将游戏进行下去。

对宝宝的益处

此游戏将玩具放在标注数字的纸箱内，引导宝宝去猜，并与宝宝展开竞赛，这有利于锻炼宝宝的观察、分析及认识数字等能力，以及开发宝宝的逻辑思维能力。

注意事项

在宝宝猜的时候，妈妈要引导宝宝说出纸箱上的数字。

• 妈妈猜的时候，不要一下子就说出答案。

给扑克牌找朋友

游戏道具	扑克牌，2、3、4、5各1对	游戏时间	白天	游戏场地	室内

☼ 游戏步骤

1 选取扑克牌中2、3、4、5各1对，打乱。

2 引导宝宝："宝宝，我们一起来把一样的数字放在一起好吗？"给宝宝做示范，例如拿起一张2，让宝宝帮着找另一张2。

3 像这样将全部的扑克牌配对齐全。

♡ 对宝宝的益处

这一游戏，不仅有利于锻炼宝宝的观察及分析能力，还有助于培养宝宝自信及独立解决问题的能力。

注意事项

在游戏的过程中，妈妈要善于激发宝宝的积极主动性，让宝宝在整个游戏过程中占主导地位，尽量自己寻找相同的扑克牌。在这一过程中，妈妈可以故意装作找不到相同的扑克牌，让宝宝帮着寻找，当宝宝找到时，及时夸奖宝宝。

这样玩 孩子智商高 情商高

118

跷跷板

高度感及
身体平衡能力的训练

游戏道具	跷跷板		游戏时间	白天		游戏场地	室外，有跷跷板的场所

✿ 游戏步骤

1 妈妈抱着宝宝，将宝宝放到跷跷板挨着地面的一端，扶住宝宝向高的一端走去。为了分散宝宝的注意力及紧张，妈妈可以自编儿歌，如"跷跷板，真有趣，一边高，一边低，小宝宝，真勇敢，走上去，不害怕！"在念儿歌的时候，妈妈要注意节奏。

2 走到尽头后，掉头往回头。

▽ 对宝宝的益处

在这个游戏中，宝宝能体验到跷跷板由低变高，再由高变低的变化，这不仅有利于宝宝对空间变化的认知，还可以锻炼宝宝对自我身体平衡的掌控力及胆量。

注意事项

妈妈扶着宝宝在跷跷板上行走的时候，要注意宝宝的安全。
随着宝宝的行走，跷跷板发生变化的时候，妈妈应鼓励宝宝，微笑地面对宝宝，让宝宝感觉到有妈妈在身边很安全。

第六章 妈妈与1.5~2岁宝宝一起玩的游戏

119

带着"小娃娃"去散步

行走，
受挫力的训练

游戏道具	小玩具车，玩具娃娃	游戏时间	白天	游戏场地	室外，较为平坦的场所

✿ 游戏步骤

1 将玩具车用绳子系好，将宝宝的玩具娃娃放在玩具车中，引导宝宝，可以这么说："宝宝，我们带着小娃娃出去散步吧！"

2 到室外后，让宝宝拉着玩具车的绳子行走。走路过程中，提醒宝宝都看到了什么，如小草、小树、蚂蚁等。

3 在走一段时间后，宝宝感觉到累了，对宝宝说："小娃娃饿了，我们带宝宝回家吧！"然后，牵着宝宝的手，让宝宝拉着玩具车回家。

⚐ 对宝宝的益处

让宝宝拉着玩具车到室外玩，有利于锻炼宝宝腿部的力量，让宝宝行走得更稳健。游戏过程中，当宝宝摔倒时，鼓励宝宝自己站起来，这有利于培养宝宝的受挫力，让宝宝变得更坚强、更勇敢。

注意事项

- 在宝宝拉着玩具车走的时候，防止宝宝摔倒。
- 当宝宝摔倒时，鼓励宝宝自己爬起来。可以这么说："宝宝真勇敢，我相信宝宝自己会起来的。"

消失的糖和盐

游戏道具	小塑料盆，少许的糖、食盐	游戏时间	白天	游戏场地	室内

🎮 游戏步骤

1 将小塑料盆洗净，并装入少量的纯净水。

2 给宝宝做示范，用手指沾水后放入嘴中品尝味道，问宝宝是什么味道。

3 将水中加入糖，再跟宝宝一起用手指沾水，尝味道，询问并引导宝宝回答，并告诉宝宝这是"甜的"。

4 倒掉小塑料盆中的水，洗净，加入新的纯净水，然后加入盐，待盐溶解后，跟前面一样让宝宝尝味道，并告诉宝宝这是"咸的"。

🛡 对宝宝的益处

糖及盐在倒入水中后溶解，消失不见，对孩子来说是极为神奇的事。而加入了糖或盐的水，味道也会因此不同，更会让宝宝的头脑中充满了许多问号。妈妈和宝宝玩这个游戏，既能让宝宝明白一定的科学知识，又激发了宝宝的好奇心和求知欲，让他们更迫切地想认识和知道一些新奇的事。

注意事项

用来盛水的小塑料盆一定要洗净，加入的水应当是可以直接饮用的水。

糖与盐倒入水中溶解后，宝宝对此会充满好奇，妈妈应告诉宝宝，糖和盐遇水后会溶解。

红豆豆、黑豆豆

游戏道具	红豆豆、黑豆豆若干，碗2只	游戏时间	白天	游戏场地	室内，垫子或地毯上

游戏步骤

1 将红豆豆、黑豆豆混合在一起，倒在垫子或地毯上。

2 拿出小碗，对宝宝说："宝宝，红豆豆、黑豆豆都混在一起了，妈妈想要把它们分开，你能帮助妈妈吗？"向宝宝做示范，各拿起一粒红豆豆、黑豆豆，放在不同的碗中。

3 告诉宝宝把相同颜色的豆豆放在一个碗中，然后让宝宝去做。

对宝宝的益处

这一游戏能使宝宝的手指精细活动能力得到很好的锻炼，同时还能培养宝宝的分类、归纳能力及耐心。

注意事项

在第一次玩这个游戏的时候，豆豆的数量不要太多，以免让宝宝产生厌烦感。
用来装豆豆的碗，应选用塑料碗或金属碗，因为瓷碗或玻璃碗容易碎裂，碎片会伤到宝宝。

风车转转

游戏道具	彩纸，剪刀，竹竿或小木棍，钉子	游戏时间	白天	游戏场地	室内

☼ 游戏步骤

1 和宝宝一起，做出风车。在此过程中，为了增强宝宝对游戏的兴趣，可以拿出一张彩纸，让宝宝跟着学折纸。

2 风车做好后，让宝宝拿着，放到窗口有风的地方，让宝宝看到风车在转动。

3 宝宝对转动的风车充满好奇后，让宝宝挥动拿着风车的手，让宝宝看到风车转动的变化。

▽ 对宝宝的益处

宝宝挥动风车，可以使手部力量得到锻炼。而风车因为挥动速度带来的变化，会引起宝宝强烈的好奇心，会让宝宝对于因果关系有一定的认知，有利于开发宝宝的逻辑思维能力。

注意事项

妈妈在制作风车的时候，要关注到一旁宝宝的动作变化，防止宝宝拿着剪刀或钉子玩而受伤。

● 在宝宝玩风车的时候，应适时地让风车停止转动，让宝宝明白风车的转动是由于风，也就是空气的流动造成的。

一二三四五，上山打老虎

游戏道具	无	游戏时间	白天	游戏场地	室内

☀ 游戏步骤

1 同宝宝面对面站立或坐着。

2 有节奏的念儿歌："一二三四五，上山打老虎，老虎没打到，打到小松鼠，松鼠有几只，我来数一数，数来又数去，一二三四五。"在念儿歌的时候，一字一顿，并配合着手指的动作，在说"一"的时候指向自己，"二"的时候指向宝宝，直至儿歌念完。

3 引导宝宝跟着念儿歌，以及做相同的动作。

♡ 对宝宝的益处

此游戏通过具有节奏并且有趣的歌词内容，不仅能激发宝宝的语言兴趣，同时还能让宝宝轻而易举地了解到数字，为以后学习数学打下良好的基础。

注意事项

在念儿歌及做动作的时候，要积极引导宝宝跟自己一起做。为了增强宝宝的游戏兴趣，在游戏的过程中，念儿歌的时候要保持一定的节奏。

左脚踢踢、
右脚踢踢

下肢力量、大运动及认识数字的训练

游戏道具	无	游戏时间	白天	游戏场地	室内、室外均可

🎮 游戏步骤

1 在室内或室外较为宽敞的地方，让宝宝站在自己的旁边或对面，向宝宝做示范，并念着自编的儿歌，如"一、二、三，左脚踢踢；四、五、六，右脚踢踢；七、八、九，蹦一蹦"，同时，做相应的动作。如在说到"一、二、三，左脚踢踢"的时候，右脚站定，接连踢三下左脚。

2 鼓励宝宝跟着自己一起做。

🛡 对宝宝的益处

左右双脚相互的站立及踢腿，双脚的起跳，能锻炼宝宝的下肢力量、身体的平衡性及弹跳力。自编的儿歌则可以让宝宝对数字有更进一步的认知。

注意事项

宝宝可能会出现单脚站立不稳的情况，因此，在游戏的过程中，妈妈要注意观察宝宝，谨防宝宝摔倒。

我抛，你来接

游戏道具	小皮球或沙包	游戏时间	白天	游戏场地	室外，较为平坦的场地

✿ 游戏步骤

1 跟宝宝说明游戏的规则，双方站在相距 30 厘米的地方，先让宝宝将球抛给妈妈，妈妈接住后，将球抛到地上，宝宝去接反弹球。

2 在宝宝的动作较为熟练后，可以适当加大距离。

♡ 对宝宝的益处

宝宝在玩此游戏的过程中，全身都得到了活动，尤其是在跑和接球的过程中，锻炼了手眼的协调能力。同时，随着游戏的进行，宝宝为了能够将球抛得更准，接得更稳，也会总结出相应的规律，这是对宝宝的逻辑思维能力的一种训练和开发。

注意事项

- 为了防止宝宝多次未能将球抛向妈妈或不能接到球，妈妈没有必要每一次都做得很好，要故意出现失误，让宝宝知道并不是每一次都能做到很好。
- 在游戏的过程中，妈妈应当时刻与宝宝进行互动。互动的方式，可以是跟宝宝说"快接住""宝宝真棒"类似的话。
- 注意游戏的时间，并防止宝宝玩得太过高兴，因为出汗而脱掉衣服，着凉感冒。

这样玩 孩子智商高 情商高

盲人摸象

触觉敏感度及
形象思维开发的训练

游戏道具	宝宝平时喜欢玩的玩具若干	游戏时间	白天	游戏场地	室内

☀ 游戏步骤

1 给宝宝做示范：闭着眼睛拿起其中的一个玩具，对宝宝说："宝宝，你相信妈妈不用眼睛看，就知道手中拿的是什么玩具吗？"开始的时候，故意说错，然后再说出正确的答案。

2 让宝宝学着自己的样子去做，刚开始不要打扰宝宝，直到宝宝摸了一段时间还是未能摸出来是什么玩具，再提醒宝宝，如宝宝手中拿的是玩具小白兔，妈妈可以这样说："它有着长长的耳朵，喜欢吃胡萝卜……"将玩具的特征一点一点地说出来。

♡ 对宝宝的益处

闭上眼睛，通过触觉去感知手中玩具到底是什么，不仅能锻炼宝宝触觉的敏感度，同时还有利于开发宝宝形象思维，强化宝宝的记忆力。

注意事项

- 在妈妈跟宝宝玩这一游戏时，一般来说，妈妈不要在开始的时候就给宝宝提示，而是应当让宝宝自己去体验。
- 为了增加宝宝玩游戏的兴趣，妈妈应该积极地参与到游戏中。

第六章 妈妈与1.5～2岁宝宝一起玩的游戏

塑料袋水蓬头

游戏道具	塑料袋若干只，针或者锥子1个	游戏时间	白天	游戏场地	室内，卫生间或浴室

游戏步骤

1 将塑料袋在水龙头接满水，然后用针或锥子在塑料袋上刺出几个小洞，让水从洞中流出。让宝宝用手去接流出的水。

2 换一个新的塑料袋，让宝宝接水，然后妈妈提着，让宝宝在塑料袋上刺洞。

3 妈妈将刺了洞眼的塑料袋提到不同的高度，让宝宝感受洞眼中流出水的变化。

对宝宝的益处

此阶段宝宝的活动能力越来越强，而且求知欲望越来越强。在装满水的塑料袋上用针刺上几个小洞，让水随着压力流出来，是一个较为有趣的科学小实验。该游戏即可锻炼宝宝手臂的力量，又能满足宝宝的好奇心。更为重要的是，在妈妈的讲解下，宝宝可以明白一些生活常识及简单的物理知识。

注意事项

- 谨防针或锥子刺伤宝宝。
- 游戏结束后，要及时擦干宝宝身上的水，给宝宝换上干爽的衣服，防止感冒。

连连看

模仿能力、
想象力的锻炼

游戏道具	磁力拼图	游戏时间	白天	游戏场地	室内，桌子上或垫子上

✿ 游戏步骤

1 家长示范将同颜色相连，同时告诉宝宝这是什么颜色。

2 同形状拼图相连，让宝宝用手指沿形状滑动，家长同时告诉宝宝拼图的形状，摸起来硬硬的，除了视觉认知形状外，进行触觉认知。

3 让宝宝发挥想象力，自己将拼图相连。

4 家长可以示范，将拼图按照立体形状相拼，宝宝通过观察模仿，之后发挥想象自己搭建，还可以让宝宝自己去描述，他拼的是什么。

5 随着宝宝年龄增长，两岁半后家长可以在纸上延拼图用笔画出相连的形状，让宝宝按顺序相连，随年龄增长，家长加大难度，按照形状和颜色画出图形，让宝宝观察后按照图片顺序，将拼图相连。

注意事项

这是一款跨越年龄较大的游戏，在宝宝1岁后，可以逐渐提升难度，从最初的连连看开始认知颜色和形状，到后面随着年龄增长不断增加难度。

⬮ 对宝宝的益处

此游戏有利于锻炼宝宝的模仿能力、想象力、语言组织语言表达能力、观察力和空间思维力等。

找呀找呀找朋友

游戏道具	无	游戏时间	白天	游戏场地	室外，较为平坦的场地

游戏步骤

1 邀请平时在一起玩的小伙伴，围成一个小圆圈。

2 妈妈唱儿歌"找呀找呀找朋友，找到一个好朋友，敬个礼呀，握握手，你是我的好朋友，你是我的好朋友"。并向宝宝示范：根据歌词的内容做相应的动作。

3 让宝宝跟着妈妈学唱儿歌，并且在唱儿歌的时候，跟一起游戏的小伙伴做相应的动作。

对宝宝的益处

《找朋友》是一首节奏明快，宝宝喜欢听的儿歌。此游戏以儿歌为基础，并根据儿歌的内容让宝宝做相应的动作，既可以锻炼宝宝的语言表达能力，还可以提升宝宝的人际交往能力，让宝宝学会与人交往的一些简单礼节礼仪。

注意事项

开始游戏之前，妈妈要向宝宝说明游戏的规则，并且引导宝宝遵守游戏规则。

水果切切乐

独立性的培养

游戏道具	玩具水果切切乐	游戏时间	白天	游戏场地	室内

☀ 游戏步骤

1 妈妈将道具水果切切乐摆放在桌子上。

2 引导宝宝站在桌子面前，用玩具刀把玩具水果切开，再把相同的水果粘在一起。

注意事项

粘水果时，妈妈可以在旁边提醒，引导宝宝按颜色、形状等特征来分辨同一个水果。

⬡ 对宝宝的益处

水果切切乐游戏，能够让宝宝认识水果，熟悉形状、颜色的匹配，"切"的动作锻炼双手配合能力。同时培养宝宝的独立性。

第六章 妈妈与1.5~2岁宝宝一起玩的游戏

131

百变沙土

游戏道具	沙土、塑料模型玩具、小铲子等	游戏时间	白天	游戏场地	室内

游戏步骤

1 将沙土用水打湿。

2 给宝宝做示范：用小铲子将打湿的沙土铲到模具中，做出相应的形状。

3 陪同宝宝一起玩一会，并协助宝宝利用不同形状的模具，做出不同的沙胚。

4 宝宝熟练后，妈妈在一旁看着，让宝宝自己玩。

对宝宝的益处

宝宝大多是好动的，并且多数喜欢玩沙土类的游戏。在这个游戏中，通过模具将沙土变成自己所喜欢的样子，会让宝宝乐在其中，不仅能锻炼宝宝手部的灵活性，还可以激发宝宝的想象力。

注意事项

在游戏的过程中，妈妈要谨防宝宝将沙子弄到眼睛或嘴中，一旦宝宝将沙子弄到眼睛或嘴中，应当及时处理。

- 游戏后，要给宝宝洗澡，并换上干净的衣服。

捞鱼

游戏道具	无	游戏时间	白天	游戏场地	室内、室外均可

☀ 游戏步骤

1 邀请爸爸参加，妈妈和爸爸手拉着手面对面站立，边轻轻晃动，边说："1、2、3，撒网，捞鱼。"

2 爸爸妈妈做这些动作的同时，宝宝绕着爸爸或妈妈，从晃动的双手钻过去。爸爸妈妈说到"捞鱼"时，去"捞"宝宝，如果宝宝被爸爸妈妈夹住，就是捞到鱼了。

3 宝宝和妈妈或者爸爸充当渔网，妈妈或者爸爸充当小鱼，直到捞到小鱼后，再换人当鱼或网。

⊙ 对宝宝的益处

这是一家三口一起参与的亲子互动游戏，除了能促进家庭成员之间的关系外，还能够有效地锻炼宝宝的反应能力，以及听觉与动作之间的协调能力。

变高、变矮

听力与动作之间的协调能力，反应能力的训练

游戏道具	无	游戏时间	白天	游戏场地	室内、室外均可

游戏步骤

1 妈妈跟宝宝并排或面对面站立，由妈妈发布指令，喊："变高"，则妈妈和宝宝应同时站起，踮起脚尖并且高举双手；当妈妈说"变矮"时，则宝宝和妈妈要蹲下，低头弯腰，双手抱住膝盖。

2 在做上面的动作时，谁的动作快，下一次就由谁发布指令。

对宝宝的益处

这个游戏可以让宝宝的全身都得到锻炼，属于大运动能力的训练。因为宝宝和妈妈是在听到指令后才做出相应动作的，所以，也使得宝宝的注意力和反应能力得到了较好的锻炼。

注意事项

当宝宝在1.5~2岁时，妈妈应该让宝宝知道并懂得一些规则。在开始游戏的时候，妈妈一定要把规则跟宝宝讲清楚，一旦宝宝不遵守规则，应予以适当的小惩罚，例如，在玩这个游戏的时候，即便是宝宝赢了，也失去下一次发放指令的资格。

• 动作的频率应遵循由慢到快的顺序，宝宝熟练后，才可以适当地加快。

这样玩 孩子智商高 情商高

134

小树苗快长高

下肢运动及身体控制能力的训练

| 游戏道具 | 玩具水壶 | 游戏时间 | 白天，环境较为安静时 | 游戏场地 | 室内、室外均可 |

☀ 游戏步骤

1 让宝宝蹲下，当小树苗。

2 妈妈拿着玩具水壶，说："大雨哗啦啦，小树要长大。大雨哗啦啦，小树要长大……"并让宝宝慢慢地站起来。

3 当妈妈不再说话的时候，孩子要保持当时的姿势，等待妈妈再次说"大雨哗啦啦"时，宝宝再慢慢站起。

4 宝宝完全站起来后，让宝宝继续蹲下，重新开始。

◎ 对宝宝的益处

这个游戏锻炼了宝宝的腿部力量。此外，听从指挥做动作锻炼了宝宝大脑对身体的控制能力。

手心手背

游戏道具	无	游戏时间	白天，环境较为安静时	游戏场地	室内，垫子或地毯上

🌞 游戏步骤

1 妈妈和宝宝面对面坐着，手心朝下，平放在垫上。

2 先由妈妈发布指令，喊"手心"，妈妈和宝宝听到后，要将手翻过来，手心朝上；喊"手背"，则妈妈和宝宝的手背朝上。

3 谁翻得准、快，就由谁在下一轮的游戏中发放指令。

◉ 对宝宝的益处

此游戏让宝宝通过妈妈或自己发放的指令做相应的动作，除了能锻炼宝宝的注意力外，还能锻炼宝宝的反应能力。

注意事项

在游戏的过程中，如果宝宝的动作较慢，妈妈也要放慢速度，以免挫伤宝宝的自信心。

• 在宝宝熟悉游戏后，可以增加难度，如原本手心就朝上，还喊"手心"，看宝宝是不是听到后，会将手背翻过来朝上。

这样玩 孩子智商高 情商高

寻找游泳小健将

认识因果及
逻辑思维能力的训练

游戏道具	浴盆、小鸭子、小汽车等小玩具	游戏时间	宝宝洗澡的时候	游戏场地	室内，洗澡间

☀ 游戏步骤

1 妈妈在小浴盆给宝宝洗澡的时候，将小鸭子、小汽车或其他的玩具放入浴盆中。

2 玩具浸水后，除了小鸭子没有沉下去，其他的玩具沉下去后，显得十分惊奇地对宝宝说："宝宝，小鸭子会游泳呀！"

3 一边给宝宝洗澡一边唱儿歌，可以自编，也可以唱《数鸭子》"门前大桥下，游过一群鸭……"

4 儿歌唱完后，引导孩子回答，除了鸭子以外，还有什么会游泳。从水中拿出沉到水里的玩具，问："小汽车会吗？"当宝宝回答正确时，不要忘记夸赞宝宝。

注意事项

妈妈在给宝宝洗澡的时候，时间不宜过长，以免宝宝着凉而感冒。

⬡ 对宝宝的益处

这一游戏，通过宝宝的亲身体验，可以让宝宝了解到哪些东西会漂浮，哪些东西会沉到水底，有助于宝宝逻辑思维能力的发展。

第六章　妈妈与 1.5～2 岁宝宝一起玩的游戏

小小神探

观察、分析及
记忆能力的训练

游戏道具	宝宝的玩具 3~5 个，相应的图片	游戏时间	白天	游戏场地	室内，垫子或地毯上

☀ 游戏步骤

1 事先把宝宝喜欢玩的玩具放在垫子或地毯上。

2 跟宝宝坐在玩具的面前，引导宝宝，对宝宝说："咱们一起来玩个游戏，看看宝宝能不能像妈妈这样闭上双眼。"

3 宝宝闭上眼睛后，妈妈偷偷将其中的一件玩具收起来，然后让宝宝睁开眼。

4 此时，宝宝并不一定会发现玩具少了，妈妈应引导宝宝注意，故作吃惊地说："宝宝你看看，是不是玩具少了啊。"

5 宝宝发现玩具少了后可能会哭闹。妈妈应当安抚好宝宝，并拿出卡片，问："宝宝，是哪件玩具不见了，告诉妈妈，咱们一起找好吗。"指着卡片一个一个地问宝宝，或者是让宝宝自己从卡片中寻找。

6 当宝宝找到相应的卡片时，妈妈再将藏好的玩具拿出来。

☑ 对宝宝的益处

宝宝对平时经常玩的玩具是具有记忆的，而且宝宝的记忆力特别强。在这个游戏中，将宝宝经常玩的玩具放在一起，趁宝宝不注意的时候藏起来一件，有意识地引导宝宝去发现少的是哪一件，可以很好地锻炼与开发宝宝的观察、分析及记忆能力。

注意事项

宝宝在发现玩具少了后，很少不会哭闹的。此时，妈妈一定要想办法安抚好宝宝的情绪，切不可因为宝宝哭闹，将藏好的玩具拿出来。如果这样的话，不仅游戏难以顺利进行下去，还会养成宝宝以后稍有不顺意就以哭闹为手段，达到目的的不良习惯。

这样玩 孩子智商高 情商高

给妈妈开门

语言表达、
人际交往能力的训练

游戏道具	积木若干，小玩具2~3个	游戏时间	宝宝醒来，精神状态好即可	游戏场地	室内，垫子或地毯上

游戏步骤

1 同宝宝一起，先在垫子或地毯上，用积木摆放成四方形，然后将一个玩具放在里面，其他的玩具摆放在外面。

2 告诉宝宝里面的玩具是宝宝，用积木围成的方形是家，当有人敲门的时候，只有妈妈才能开门。

3 妈妈拿其中的一个玩具，来到"房子"前面，假装按门铃，问："有人在吗？"在听到宝宝的回答后，让宝宝开门。此时，宝宝可能会将门打开，妈妈要以轻柔的语气告诉宝宝，强调："宝宝，我们说了，不是妈妈就不能开门哟。"

4 继续玩游戏，并在游戏的过程中，诱导宝宝说一些日常生活中遇到这种事的语言，如："您是谁啊？"等等。

对宝宝的益处

这一游戏，是日常生活中的场景的演示。在游戏互动的过程中，宝宝既锻炼了语言表达能力，同时也有助于提高语言互动的准确性。

圆饼、方饼

扫一扫，看视频

游戏道具	圆形或方形的卡片，彩笔1支	游戏时间	白天	游戏场地	室内，垫子或小桌上

☀ 游戏步骤

1 妈妈先将硬纸壳剪成圆形或方形，与彩笔一同放在垫子或小桌子上。

2 跟宝宝说："宝宝，看看这儿有很多的饼啊？"并引导宝宝将方形和圆形的饼分开。

3 对宝宝说："宝宝，妈妈要圆饼，上面有些芝麻，帮妈妈加点芝麻吧！"引导宝宝在圆饼上用彩笔点出许多芝麻。

4 接着让宝宝自己在圆饼或方饼上点"芝麻"。

♡ 对宝宝的益处

这个游戏可让宝宝进一步感知和认识圆形和方形，并通过观察与寻找方形物品和圆形物品，培养宝宝的观察习惯及观察能力。

注意事项

游戏之前，要找机会让宝宝熟悉并有方和圆的形状意识。如可以利用日常生活中一些常见的事物，如时钟、桌子等，向孩子传递方与圆的概念。

这样玩 孩子智商高 情商高

体验下雨

审美情趣、胆量培养

游戏道具	透明雨伞1把，雨衣1件，高帮雨鞋1双	游戏时间	夏季白天，下小雨时	游戏场地	室外

☀ 游戏步骤

1 妈妈带宝宝来到小区的绿地或楼下的院子，让宝宝看看雨点打到伞上的样子、在地面上溅起的小水花。同时问宝宝："这是什么呀？"

2 等雨停后让宝宝在小水塘里踩一踩，把花草树叶上的雨水撸下来。

☉ 对宝宝的益处

自然界的变化是很有意思的，从小让宝宝增加这方面的体验对他的知识积累、审美情趣的形成、胆量的培养都是很有帮助的。雨中和宝宝一起去赏雨，空气中的负离子成分很高，人的心情也会变得轻松起来。

注意事项

宝宝生病时不要玩这个游戏，以免着凉加重病情。

第七章

妈妈与 2～3 岁宝宝
一起玩的游戏

2~3岁宝宝生长发育特点

2岁宝宝

认知能力
宝宝能认识几种不同颜色的画片，能认识自己的器官，还能说出它们的一部分功能；开始拥有联想力，喜欢把看到的事物与自己熟悉的物品联系起来；记忆力有所发展，开始记得过去发生的事情。

语言能力
宝宝已经掌握了很多的词汇，会说简单的句子，会用耳语传话；有的宝宝还会看图讲故事，叙述图片上简单突出的部分；能组织"玩过家家"游戏，扮演不同角色如当妈妈、娃娃、医生等。

运动能力
宝宝能自如地在一条线上走，拐弯的时候能保持平衡不摔倒；可以不扶任何物体，单脚站立3~5秒；可以解开衣服上的按扣，还会开合末端封闭的拉锁。

社交能力
宝宝的情感表达开始丰富，产生了忧伤、嫉妒、担心、烦恼等新的情感；宝宝对父母的依赖感强烈。

认知能力

3 岁左右的宝宝，空间概念进一步建立，能够懂得"里""外"；能认识更多的颜色和形状；能够懂得数字 1~5 的概念；能够按照物品的大小、颜色、形状进行简单的分类和配对。

语言能力

宝宝会使用"我""你"等人称代词；开始用语言表达自己的心情，不高兴时会告诉妈妈"我生气了"；宝宝不仅喜欢听爸爸妈妈讲故事，还能够复述故事情节，会流利地背诵儿歌。

运动能力

宝宝会骑小三轮车，但是有的宝宝不太会拐弯；喜欢荡秋千、滑滑梯、踢球、攀登、玩沙子；手指灵活的宝宝能够用蜡笔写出 0 和 1，还能用剪刀剪出有形状的图形。

社交能力

宝宝的独立意识增强，喜欢和其他的小朋友一起玩耍，变得更加友好、慷慨，开始具备不自私的意识，并产生同情心。

小小邮递员

腿部力量、行走及身体平衡能力的训练

游戏道具	白黄蓝不同颜色纸各1个，粉笔1根	游戏时间	白天	游戏场地	室内，垫子或地毯上

☀ 游戏步骤

1 妈妈将白黄蓝色的纸各做成1个信封，然后在地上画上一个大圆圈，妈妈站在圆圈中间，宝宝站在圆圈的线上。

2 妈妈举起白色信封，宝宝看到后，一边模仿"滴滴"的汽车鸣笛声，一边模仿驾驶汽车的动作。

3 妈妈举起黄色信封时，宝宝则模仿火车，发出"哐哐"的声音，围绕着圆圈慢跑。

4 妈妈举起蓝色信封时，宝宝则双手侧平举模仿飞机快速跑。

5 当妈妈说"信送到"时，宝宝停止奔跑。

◎ 对宝宝的益处

在这一游戏中，妈妈随便变换手中的信封，改变宝宝奔跑的速度，可以锻炼宝宝的反应力、身体控制及行走速度变化的能力。不同颜色信封变化也锻炼了孩子的反应能力。

注意事项

游戏时，妈妈要注意观察宝宝，控制好游戏的时间，防止宝宝摔倒。

平衡木

肢体平衡的训练

扫一扫，看视频

游戏道具	无	游戏时间	白天	游戏场地	室外，有马路牙子或花坛的场地

游戏步骤

1 妈妈将宝宝抱到或者让宝宝自己爬到马路牙子上。

2 牵着宝宝的小手，让宝宝在马路牙子上行走。

3 适时地松开宝宝的手，让宝宝自己行走。

4 在走出两三百米后，让宝宝下来。

注意事项

宝宝在马路牙子上行走的时候，妈妈要时刻注意宝宝的安全，防止宝宝从上面摔下来。

- 当宝宝要下来的时候，妈妈应将宝宝抱下来，避免宝宝跳下来时扭伤脚。
- 当宝宝能走稳、并不紧张时，可以鼓励宝宝做一些其他的动作。

对宝宝的益处

在马路牙子上行走，不仅能锻炼宝宝的身体平衡能力，还还能促进宝宝大脑、小脑的发育和四肢的协调。

第七章 妈妈与2～3岁宝宝一起玩的游戏

踏板行走

身体平衡
及手脚协调
能力的训练

游戏道具	泡沫或硬纸板 4 块，粉笔 1 根	游戏时间	白天	游戏场地	室内、室外均可，只需要场地宽敞和平坦即可

游戏步骤

1 向宝宝做示范，将泡沫或硬纸板从中间穿线，分别绑在左右脚，并且各留一段线到腰间，可以手提着。然后，右手拉伸提起右脚，左手提绳抬起左脚，向前行走。

2 向 1 一样将泡沫或硬纸板绑在宝宝脚上，让宝宝学着妈妈刚才的样子行走。

3 在宝宝熟悉这一动作后，用粉笔在地面上画两条相隔 50 厘米的直线，分别标出起点和终点，跟宝宝比赛，看谁先到终点。

对宝宝的益处

这个游戏可以锻炼宝宝腿部及手臂的力量，让宝宝行走得更稳健。不仅如此，由于在游戏的过程中，要用手提起左右脚的线，才迈步行走，因此还可以锻炼宝宝手脚之间运动的协调性。

注意事项

- 宝宝在开始的时候，可能不适应。妈妈可以让宝宝一步一步的练习，在熟练后再让宝宝双脚交替行走。
- 在竞赛的过程中，妈妈要控制好自己的速度，让宝宝多获胜，以增强宝宝的游戏兴趣，培养宝宝的自信心。

这样玩 孩子智商高 情商高

金鸡独立

扫一扫，看视频

游戏道具	无	游戏时间	白天	游戏场地	室内、室外均可

☼ 游戏步骤

1 妈妈给宝宝做示范：抬起一只脚，用一只脚站立。跟宝宝说这叫"金鸡独立"，并问宝宝可不可以像妈妈这样做。

2 当宝宝饶有兴趣地学着妈妈做一样的动作时，妈妈提出比赛的要求，看谁站立的时间长。

▽ 对宝宝的益处

这个游戏可以锻炼宝宝对自身的控制力及平衡能力，另外妈妈可以故意输给宝宝，让宝宝体会到胜利的快乐，能培养宝宝的自信心，可以让宝宝更自信乐观地面对生活中的事。

注意事项

- 宝宝在用单脚站立时，可能不太稳，妈妈要注意防止宝宝摔倒。
- 注意观察宝宝，当确定宝宝摇摇晃晃不能站稳时，立刻将抬起的脚放下来。

第七章 妈妈与2～3岁宝宝一起玩的游戏

149

看图说画

观察力、分辨力及语言组织能力的训练

游戏道具	色彩鲜艳且画面生动的图片若干张	游戏时间	环境相对安静时	游戏场地	室内，垫子或沙发上

☼ 游戏步骤

1 将图片事先放在垫子或沙发上。

2 让宝宝坐在垫子或沙发上，也可以让宝宝坐在妈妈的腿上。

3 拿起一张图片，问宝宝："图片上是谁呀，在做什么呀？"引导宝宝说出答案，并且说出完整的句子。

4 换另一张图片，用3的方式引导宝宝将图片的内容说出来。

5 图片用完后，游戏结束。

⊙ 对宝宝的益处

宝宝大部分都喜欢颜色较为鲜艳的东西，采用鲜艳的图片作为游戏道具能很好地吸引宝宝的注意力。在游戏的过程中，妈妈耐心地引导，让宝宝根据画面的内容说话，可以达到很好地锻炼宝宝观察、辨别及语言组织能力。

注意事项

因为年龄的关系，宝宝会缺乏耐心，所以在玩这个游戏的时候，妈妈不仅要积极诱导，让宝宝感受到游戏的乐趣，同时，还应当控制好图片的量，在开始的时候，建议选用的图片不超过3张，以后再慢慢增加。

这样玩　孩子智商高　情商高

150

谁大谁小

观察力、分辨力及感知大小能力的训练

游戏道具	大皮球和小皮球，大汽车和小汽车	游戏时间	白天	游戏场地	较为宽敞平坦的场所

☀ 游戏步骤

1 将大皮球和小皮球，或大汽车和小汽车杂乱地排成一排。

2 对宝宝说："宝宝，能帮妈妈把大皮球拿过来吗？"

3 当宝宝将大皮球拿过来时，妈妈高兴地对宝宝说"谢谢"，然后再让宝宝拿小皮球。

4 在宝宝将玩具按照妈妈所说的拿完后，游戏结束。

♡ 对宝宝的益处

此游戏让宝宝真实地感知和分辨出玩具的大小，会使宝宝对于大和小的概念有着更为深刻的认知。宝宝在众多的玩具中选择出大的和小的，也是对宝宝的观察力及分辨力的锻炼。

注意事项

开始，宝宝可能对于大和小没有什么概念，在游戏之前，妈妈就应当有意识地引导宝宝，让宝宝感知"大"和"小"的概念，以免在游戏的过程中，宝宝总是出错，变得失去了耐心，变得烦躁。

第七章 妈妈与2～3岁宝宝一起玩的游戏

151

树叶贴贴画

自然认知，分类及手部精细动作的训练

游戏道具	A4 白纸，铅笔，胶水，树叶若干	游戏时间	白天	游戏场地	室内或室外

🌼 游戏步骤

1 妈妈先带宝宝到户外捡一些颜色、形状不一的树叶。在捡树叶的过程中，引导宝宝观察树叶的颜色和形状，用手指去感受光滑或有锯齿的树叶边缘，用手与不同的树叶比大小等直观感受。

2 妈妈将捡回的树叶用布擦洗干净后，跟宝宝一起将树叶按着大小、颜色进行分类。

3 妈妈用铅笔在 A4 纸上画一个大树干，引导宝宝用胶水把树叶粘贴在树干上。

🛡 对宝宝的益处

带宝宝先到户外去捡树叶，并引导宝宝观察及亲密接触树叶，能让宝宝对于自然界的事物有一定认知；而对树叶进行大小、颜色的分类，则可以培养宝宝观察、分类及归类的能力；把树叶贴在树干上，则锻炼了宝宝小手的灵活性。

注意事项

- 在捡树叶回家后，妈妈在将树叶洗干净的同时，也要注意宝宝小手的清洁卫生。
- 在游戏结束后，一定要记得给宝宝洗手。

这样玩 孩子智商高 情商高

动物大乐园

观察力、分辨力、记忆力，归纳和概括思维的训练

扫一扫，看视频

游戏道具	动物识图卡片若干	游戏时间	白天、晚上均可	游戏场地	室内，垫子或地毯上

🌼 游戏步骤

1 将事先准备好的动物识图卡片放在垫子或地毯上。让宝宝坐在卡片前，也可以抱着宝宝坐在卡片前。

2 拿出卡片，引导宝宝回答。比如拿出小青蛙问他："这是什么呀？""它眼睛怎么样？""嘴巴呢？""它有几条腿？""它吃什么？""它怎么走路……"

3 收起拿出来的这张卡片，拿出其他的卡片，引导宝宝观察并说出动物的特征。

4 将卡片全部收起，说出动物的特征，让宝宝在卡片中找出对应的动物。

♡ 对宝宝的益处

在看卡片的过程中，妈妈引导宝宝说出卡片中动物的特征，不仅可以锻炼宝宝的观察力、分辨力，还能够让宝宝初步学习归纳和概括的思维方式，并且对宝宝记忆力的提升也有益助。

第七章 妈妈与2~3岁宝宝一起玩的游戏

今天我当家

| 游戏道具 | 过家家的玩具及布娃娃 1 个 | 游戏时间 | 白天 | 游戏场地 | 室内，较为宽敞的地方 |

☀ 游戏步骤

1 拟定好角色，妈妈扮演到娃娃家串门的"客人"，宝宝为"主人"。

2 "客人"装作敲门的样子来到娃娃家，并引导宝宝用"您好""请进""请坐"之类的礼貌交际用语来招呼"客人"。

3 "客人"到了"娃娃"家后，进一步引导宝宝以"主人"身份招待"客人"，如喝茶、吃饭等，让游戏继续下去。

4 "客人"起身告辞，引导"主人"说出"再见""下次见"等礼貌用语。

扫一扫，看视频

注意事项

在游戏的过程中，妈妈一定要注意对宝宝进行恰当的引导，让游戏进行下去。为了增加游戏的趣味性，妈妈作为"客人"可以引导宝宝说一些宝宝生活中的事。

♡ 对宝宝的益处

在日常生活中，宝宝在与人交往中总是处在被动的状态。此游戏模仿生活中的场景，宝宝既熟悉也会感兴趣，在妈妈的引导下，学习如何轻松主动地与人打招呼，以及如何招待客人。

这样玩　孩子智商高　情商高

服装设计师

手指灵活性，手眼协调以及颜色的认知、识别训练

游戏道具	小娃娃玩具，固体胶，彩色纸若干	游戏时间	白天	游戏场地	室内

☼ 游戏步骤

1 妈妈先用剪刀将白纸剪成一件衣服的形状。

2 拿起玩具小娃娃以及白纸剪成的衣服，对宝宝说："宝宝，跟妈妈一起来给娃娃做件新衣服吧！"

3 给宝宝做示范：撕下一张彩色纸条，涂上固体胶，粘在剪好的衣服上。

4 在一旁协助宝宝，让宝宝撕彩色纸条，粘贴。

5 粘贴好后，将彩色的衣服粘贴到小娃娃身上。游戏结束。

♡ 对宝宝的益处

撕彩色的纸条，可以使宝宝的手指灵活性、协调性得到提高，手眼协调能力也得到提高。另外，会使宝宝对彩色的认识和辨别能力加强，提升宝宝对色彩的感受力和审美能力。

注意事项

● 在游戏的过程中，要防止宝宝将固体胶塞到嘴中。

● 游戏结束后，一定要让宝宝洗干净双手。

第七章 妈妈与2～3岁宝宝一起玩的游戏

勇敢的斗牛士

动作协调性及
自信心培养的训练

游戏道具	纸袋或硬纸壳，水彩笔，剪刀	游戏时间	白天	游戏场地	室内，垫子或地毯上

🎯 游戏步骤

1 将纸袋或硬纸壳用剪刀挖出眼睛和鼻子洞口，然后用水彩笔描绘，做出牛的面具，大小2个。

2 妈妈和宝宝分别带上牛头面具，趴在地毯或垫子上，装成大、小牛。

3 开始头顶头，或者以肩顶肩、头顶胸、手推手等方式来玩游戏。当一方出了毯子或者垫子为输。

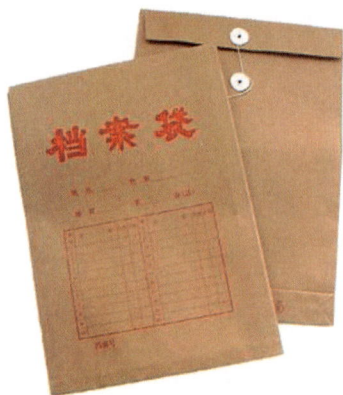

🏅 对宝宝的益处

　　此游戏可让宝宝的全身肌肉得到充分活动，能促进宝宝动作协调性的发展，增强宝宝身体的力量。另外，此游戏能够让宝宝体会到成功的喜悦，有利于宝宝自信心的培养。

注意事项

- 妈妈应在游戏的过程中有意识地输给宝宝，让宝宝感受到快乐和成功的喜悦。
- 控制好游戏时间，以8~10分钟较为适宜。
- 游戏过程中妈妈的动作、力度要轻柔，并注意纸袋或硬纸壳的棱角伤害到宝宝。

追影子

扫一扫，看视频

游戏道具	无	游戏时间	有太阳，或者晚上有路灯的时候	游戏场地	室内、室外，有光线的地方

☼ 游戏步骤

1 妈妈牵着宝宝的手，让宝宝看前面的影子。

2 在引起宝宝注意后，让影子移动，并引导宝宝去踩自己的影子。

3 当宝宝踩住影子的时候，稍微停下来，然后再移动，让影子从宝宝脚下溜走，继续引导、鼓励宝宝去追，踩影子。

♡ 对宝宝的益处

在宝宝的眼中，世界是神奇的，和宝宝一起玩追影子的游戏，让宝宝在游戏中观察一些与影子有关的现象，不仅可以使宝宝的行走和奔跑能力得到很好的锻炼，还可以激发宝宝对未知领域的探索欲望。

注意事项

处在这一年龄阶段的宝宝虽然会走路，但是还不太稳，并且有的宝宝危险意识较差。因此，在游戏的过程中，妈妈所选择的场地，应较为开阔，且没有障碍物。

• 由于这一游戏的运动量较大，在宝宝踩住影子的时候，最好能停下来，让宝宝休息片刻。

第七章 妈妈与2～3岁宝宝一起玩的游戏

157

小小足球员

脚部和腿部的协调
能力，以及受挫能
力的训练

游戏道具	旧报纸或废纸若干，纸箱1只	游戏时间	白天	游戏场地	室内较为宽敞的地方

☀ 游戏步骤

1 将旧报纸或废纸团揉成球的形状，将纸箱打开，竖起，摆放在离纸球60厘米的地方。

2 向宝宝做示范，用脚将球踢入纸箱。

3 拿回纸球，让宝宝学着妈妈刚才的样子踢球。

4 当宝宝将纸球踢进纸箱时，妈妈要表现得很高兴，予以鼓励；当宝宝没有将球踢进去的时候，妈妈要予以安慰，并鼓励宝宝继续下去。

▣ 对宝宝的益处

此游戏既可锻炼宝宝腿、脚部的协调，还可以让宝宝体会到成功和失败，对于宝宝受挫能力的提升有一定益助。

注意事项

在室内玩这一游戏时，妈妈应当事先清理好场地，把垃圾筐及其他的物品移开，以免在游戏的过程中宝宝不小心碰到而受伤。

● 当宝宝踢了好几次都没将纸球踢进球门时，妈妈可以故意将球踢不进去，并告诉宝宝，让宝宝明白，踢不进球门，失败是一种很正常的事。

这样玩 孩子智商高 情商高

158

巧摆积木

观察力及想象力
开发的训练

游戏道具	积木1套，A4纸1张，画笔若干	游戏时间	白天	游戏场地	室内，垫子或地毯上

⚙ 游戏步骤

1 妈妈在 A4 纸上按照积木外沿用画笔画出几个不同的形状。

2 宝宝根据形状可以填充颜色涂鸦。

3 让宝宝观察纸上的形状，把相应的积木对应摆放。当宝宝摆上一个积木后，妈妈要及时询问："宝宝，这是什么啊？"

注意事项

在宝宝拼摆积木时候，妈妈充当的是协助的角色，不要轻易帮宝宝做决定。

● 控制好游戏时间，不要过长，否则，会让宝宝失去下次再玩此类游戏的兴趣。

♡ 对宝宝的益处

让宝宝根据自己的想象去摆出相应的积木，可以促进宝宝观察力及想象力的发展。

故事接龙

记忆力、想象力、表达力的训练

扫一扫，看视频

游戏道具	无	游戏时间	白天	游戏场地	室内

游戏步骤

1 妈妈先给宝宝讲一个宝宝喜欢听、并且听了很多次的故事。在讲故事的过程中，故意对故事中的一些情节或结尾进行删改，看看宝宝是不是能听出来，是不是会指出其中错误。

2 在讲故事的过程中，妈妈突然间像是记不起来了，引导宝宝，让宝宝接着讲下去。如，妈妈可以这么说："我怎么突然间忘记了，宝宝，上次跟你讲过，你能告诉妈妈吗？"

3 在宝宝讲完后，给予宝宝夸奖。

对宝宝的益处

此游戏不仅充满了趣味，还能促进宝宝记忆力、想象力、表达力的发展。更为重要的是，妈妈可以采用不同的故事跟宝宝玩这一游戏，直到宝宝进入幼儿园学习。

注意事项

在进行这个游戏之前，应多给宝宝讲故事，应选择宝宝最感兴趣的、较容易记住的故事。

• 让宝宝接着往下讲的时候，妈妈要表现出真的是忘记了，希望宝宝能帮忙。

这样玩 孩子智商高 情商高

揪尾巴

奔跑、身体平衡及反应能力的训练

扫一扫，看视频

游戏道具	长 50~60 厘米的彩色纸带 2 根	游戏时间	白天	游戏场地	室内、室外，平坦、开阔的地方

❋ 游戏步骤

1 妈妈和宝宝分别将彩色纸带塞在裤腰后做尾巴。

2 跟宝宝说明游戏的规则，并进行演示：去揪宝宝的"尾巴"，宝宝想办法躲避。

3 开始游戏，妈妈先跑一段距离后，让宝宝追过来揪"尾巴"。

♥ 对宝宝的益处

妈妈跟宝宝玩这个游戏，可以让宝宝的腿部力量得到很好的锻炼，奔跑躲闪的同时也能锻炼宝宝的身体平衡和反应能力。

注意事项

- 在游戏的过程中，防止宝宝奔跑得过快而摔倒。
- 妈妈应根据宝宝的速度调整自己的速度。

第七章 妈妈与 2~3岁宝宝一起玩的游戏

数积木

游戏道具	积木若干块	游戏时间	白天	游戏场地	室内，垫子或地毯上

☀ 游戏步骤

1 将积木分成两堆，放在垫子或地毯上，引导宝宝数积木。可以对宝宝说："宝宝，我们来玩一个游戏好吗？来看看这里有多少积木。"

2 在成功引起宝宝注意后，给宝宝做示范：边用手指点积木边数数。

3 让宝宝按照妈妈刚才示范的样子去做。

♡ 对宝宝的益处

对 3 岁左右的宝宝来说，大多已经能数数，并且有了一定的竞争意识，希望能在比赛中获胜。这个游戏不但可以强化宝宝对数字的认知，而且因为在数数的时候是一边用手指点积木，一边数数的，还可以让宝宝的手眼以及手口的协调能力得到锻炼。

注意事项

- 游戏中，如果出现宝宝因为做不好而生气的情况，妈妈要进行安抚，并转移宝宝的注意力，然后再让宝宝数数。
- 当宝宝出现错误的时候，妈妈不要先急着纠正，而是要等到宝宝高兴起来后，再慢慢纠正。
- 为了增强游戏的互动性和乐趣，妈妈可以跟宝宝比赛，但速度要根据宝宝的速度而变化，不要比宝宝快得太多，慢也不要慢得太多。

这样玩 孩子智商高 情商高

赶小猪

手眼协调、自我动作控制能力的训练

游戏道具	小皮球，小木棍，纸箱	游戏时间	白天	游戏场地	室外、室内均可

游戏步骤

1 将纸箱并排摆放，两者相距 30 厘米左右，当做门。

2 跟宝宝做示范：用木棍推动皮球，直到穿过纸箱搭起的门。

3 将木棍交给宝宝，让宝宝学着做。

4 宝宝稍稍熟悉后，同宝宝比赛，看谁先赶着球穿过纸箱搭起的门。

对宝宝的益处

宝宝玩这个游戏，可以锻炼其手眼协调及动作控制能力。如果在室外，邀请小伙伴一起玩，还能够培养宝宝与他人合作的意识。

注意事项

妈妈应注意观察宝宝的动作行为，防止宝宝在行走时，被棍子戳伤。

● 在室外，可以多准备几个玩具球及小木棍，鼓励宝宝邀请小伙伴一起参与这个游戏。

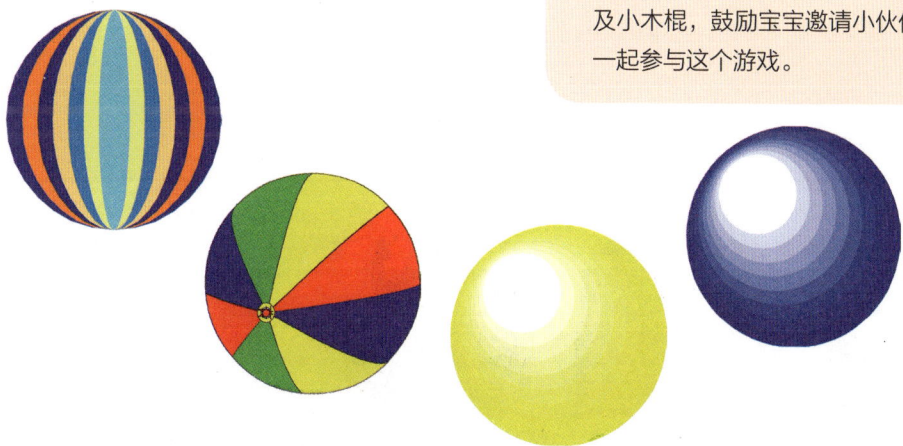

我是小小售货员

游戏道具	宝宝平时玩的玩具若干	游戏时间	白天	游戏场地	室内，垫子或地毯上

☀ 游戏步骤

1 妈妈和宝宝一起将玩具并排摆放在垫子或地毯上。

2 分配好角色，宝宝为"售货员"，妈妈为"顾客"。

3 妈妈装作要买其中的玩具，引导宝宝模仿超市售货员的动作和说话。

♡ 对宝宝的益处

把生活中的场景移植到游戏中，让宝宝模仿所熟悉的一些职业，既是对宝宝语言表达能力的一种训练，也是对宝宝人际交往智能的一种开发。

扫一扫，看视频

注意事项

- 在游戏中，妈妈要尽量引导宝宝说出所扮演角色的话，当宝宝说错时，也不要立刻予以纠正，而是要引导宝宝让其意识到自己可能说错了。

- 有的宝宝可能对扮演售货员不感兴趣，妈妈可以根据宝宝的兴趣，选择宝宝喜欢扮演的角色，如公交车司机、警察及医生等。

这样玩 孩子智商高 情商高

叠罗汉

动作反应及逻辑思维能力的训练

扫一扫，看视频

游戏道具	无	游戏时间	白天	游戏场地	室内、室外均可

✿ 游戏步骤

1 妈妈和宝宝面对面坐着。

2 妈妈先将一只手掌心朝下放在膝盖上，宝宝将小手放在妈妈的手背上。

3 妈妈再将另一只手放在宝宝的手背上。

4 妈妈抽出最下面的手，放在宝宝的手背上；宝宝也抽出最下面的手，放在妈妈的手背上。

5 如此反复。

♡ 对宝宝的益处

此游戏能训练宝宝的注意力、反应力及手部精细动作的能力。除了叠手掌之外，当宝宝对此游戏十分熟练的时候，可以换成抓"大拇指"，即妈妈先伸出一只手，握紧拳头伸出大拇指，宝宝抓住妈妈的大拇指伸出自己的大拇指，妈妈用另一只手抓宝宝的大拇指，如此反复。

注意事项

- 在进行游戏的时候，妈妈可自编儿歌，如"叠罗汉，一叠叠，二叠叠……"并根据内容和节奏做相应的动作。
- 在开始的时候，速度可以稍微慢一点，宝宝熟练后可适当加快。

第七章 妈妈与2～3岁宝宝一起玩的游戏

123木头人

听觉反应、肢体控制及自我控制能力的训练

游戏道具	无	游戏时间	白天	游戏场地	室内、室外均可

🌼 游戏步骤

1 妈妈跟宝宝讲清游戏规则，在说到"123，木头人，不许说话不许动"后，不管在做什么动作，都要停下来，并保持不动的姿势。直到听到"123，木头人，可以说话可以动"后，才能动。

2 开始游戏，先由妈妈发布指令，妈妈和宝宝保持相应的姿势，谁先动就输了。

♡ 对宝宝的益处

这一游戏不仅能锻炼宝宝的听觉反应及肢体动作控制力，同时还能培养宝宝不受外界因素影响和干扰的自我控制能力。

注意事项

在玩游戏的过程中，如果是妈妈发布指令的话，在刚开始的时候，不要让宝宝保持同一姿势的时间过长。

- 妈妈可以让宝宝邀请更多的小伙伴参加。
- 在游戏的过程中，妈妈可以适当地打乱宝宝的思维，分散宝宝的注意力。

这样玩 孩子智商高 情商高

166

剪刀、石头、布

游戏道具	宝宝平时玩的玩具若干	游戏时间	白天	游戏场地	室内

☀ 游戏步骤

1 将宝宝平时玩的一些玩具拿出来，平均分成两堆。

2 跟宝宝说明游戏规则：伸出拳头代表石头；食指中指代表剪刀；手掌为布。石头可以砸坏剪刀；剪刀可以剪碎布；布能够包住石头。在妈妈或宝宝喊出"剪刀石头布"的时候，同时伸出手做石头、剪刀或布的手势，谁输了给对方一个玩具。

3 妈妈在跟宝宝试玩几次后，正式开始游戏，直到一方的玩具全部输完为止。

▣ 对宝宝的益处

妈妈和宝宝玩这个游戏，不仅能够锻炼宝宝的语言表达及动作反应能力，还能培养宝宝观察分析及逻辑思维能力。同时，因为带有一定的竞赛目的，还可以培养宝宝竞争意识，以及正确的面对输赢。这对于宝宝以后与人交往，尤其是在进入幼儿园学习，如何跟小伙伴相处是有益的。

注意事项

- 妈妈应引导宝宝跟自己一同喊出"剪刀石头布"。
- 在出手势的时候，妈妈要注意观察宝宝的速度，并调整好自己的速度。
- 故意输给宝宝，让宝宝体会到成功的喜悦。

钓鱼

游戏道具	硬纸片，小木棍，彩笔，胶带	游戏时间	白天	游戏场地	室内

游戏步骤

1 将卡片用剪刀剪成 10 条小鱼的形状，再用彩笔分别写上 1~10 的数字，然后一字排开在地面上。

2 将细绳绑在小木棍上做钓鱼竿，细绳的另一端用线缠绕，绑上胶带。

3 宝宝手拿鱼竿，用线端的胶带去粘鱼，粘上来后，读出鱼上面的数字。

对宝宝的益处

这个游戏不仅可以锻炼宝宝的手眼协调能力，还有培养宝宝的耐心，认识数字、强化记忆力等作用。

注意事项

- 在游戏之前，妈妈要向宝宝做示范，怎么才能粘到地板上的鱼。
- 宝宝因为一时之间粘不到地面上的鱼，变得焦急时，妈妈要予以安抚。
- 当心木棍戳到宝宝。

豆子摆图形

认知几何图形、手部精细动作及专注力培养的训练

扫一扫，看视频

游戏道具	豆豆若干，A4 纸以及彩笔各 1 个	游戏时间	白天	游戏场地	室内

✿ 游戏步骤

1 妈妈准备好玩具的道具后，用笔先在 A4 纸上画简单的几何图形。

2 引导宝宝，并且给宝宝做示范，将豆豆沿着画好的几何图形的线条摆放。

3 在宝宝明白后，让宝宝自己玩，妈妈在一旁观看。

▽ 对宝宝的益处

在这个游戏中，宝宝沿着妈妈事先画好的几何图形摆放豆豆，既可以锻炼宝宝手部的精细活动能力，又可以让宝宝认识几何图形，同时还能培养宝宝的专注力及耐心。

注意事项

妈妈所画的几何图形，在开始的时候应当简单一些，并且线条要清晰。

● 防止宝宝在游戏的过程中，将豆豆放到嘴中。

找不同

游戏道具	A4纸、彩笔	游戏时间	白天	游戏场地	室内

游戏步骤

1 妈妈在A4纸上用彩笔画上两幅除了部分的部位不一样几乎完全相同的图画，如小白兔，一幅画上两只耳朵一样大，另一幅画上一只耳朵大一只耳朵小。

2 将画好的画放在宝宝面前，让宝宝看，引导宝宝找出两幅画之间不同之处。

对宝宝的益处

这个游戏能培养宝宝的观察力、分辨力以及耐心，有利于养成宝宝细心观察的好习惯。此游戏尤其适宜于一些有粗心大意表现的宝宝。

注意事项

妈妈如果觉得自己画得不好，可以购买类似的书籍。

• 两幅画的不同之处，应当稍微少一些，最好不要超过5处。另外，不同的地方差距要明显一点，便于宝宝发现。

这样玩 孩子智商高 情商高

快乐拍手歌

动作协调及认知数字的训练

游戏道具	无		游戏时间	白天、晚上均可		游戏场地	室内、室外均可

☀ 游戏步骤

1 妈妈跟宝宝面对面坐着或站着。

2 妈妈先伸出右手，让宝宝伸出左手怕打一下自己的手，同时唱儿歌："你拍一。"然后，让宝宝伸出右手，妈妈轻轻拍打一下，"我拍一，一个小孩穿花衣"。

3 按照2的方法反复进行下去，同时唱接下来的儿歌"你拍二，我拍二，二个小孩梳小辫。你拍三，我拍三，三个小孩吃饼干。你拍四，我拍四，四个小孩写大字。你拍五，我拍五，五个小孩敲大鼓。你拍六，我拍六，六个小孩吃石榴。你拍七，我拍七，七个小孩坐飞机。你拍八，我拍八，八个小孩吹喇叭。你拍九，我拍九，九个小孩交朋友。你拍十，我拍十，十个小孩站得直。"

4 儿歌唱完后，重新开始。在游戏的过程中，鼓励宝宝跟自己一起唱儿歌。

♡ 对宝宝的益处

这是传统的亲子游戏，通过玩此游戏，宝宝的动作协调能力可以得到锻炼，同时，宝宝跟着妈妈一起唱儿歌，有利于宝宝语言表达能力及数字认知能力的开发。

注意事项

在拍手的过程中，要跟儿歌的节奏相吻合。

第七章 妈妈与2~3岁宝宝一起玩的游戏

171

推球过障碍

游戏道具	玩具球，可以用来充当障碍物的纸箱3~4只	游戏时间	白天，环境较为安静时	游戏场地	室内、室外均可

☼ 游戏步骤

1 妈妈用纸箱先设置好障碍。

2 向宝宝做示范：推着玩具球，绕过纸箱的障碍，到达终点。在示范的同时，对宝宝说："你能像妈妈这样，把球推到对面，不碰到纸箱吗？"

3 让宝宝自己推球。当宝宝碰到障碍物的时候，提醒宝宝，"下次可不能再碰到哦"。并要求宝宝重新开始，宝宝每过一个障碍，妈妈都要及时地予以鼓励，为宝宝加油。

▽ 对宝宝的益处

此游戏不仅能让宝宝的身体平衡以及反应能力得到较好的锻炼，还因为宝宝想要顺利地完成游戏，需要经历多次的失败，所以有利于培养宝宝的自信心和坚强意志力。

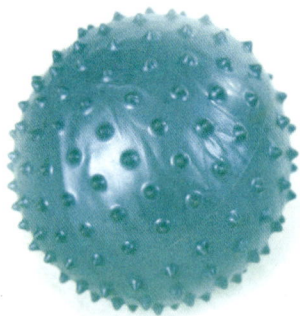

注意事项

在室外进行游戏时，妈妈一定要对场地进行清理，清除掉可能会导致宝宝受到伤害的一些物体，如较为尖锐的石子、玻璃等。

· 在游戏的过程中，妈妈不能忘记对孩子的鼓励。因为，只有不断地鼓励，宝宝才能更有动力，高高兴兴地把游戏进行下去。

帮小狗回家

观察力、逻辑思维和耐心的训练

游戏道具	A4 白纸 1 张，铅笔 1 支	游戏时间	白天，环境较为安静时	游戏场地	室内，茶几或矮桌上

☼ 游戏步骤

1 妈妈先在白纸上画上一个简单的迷宫，起点画上一只小狗，终点画上狗窝。

2 引导宝宝，对宝宝说："小狗迷路了，想要回家，找不到回家的路，我们一起帮助它好吗？"

3 在走迷宫的时候，故意走错，引导宝宝观察思考，让宝宝说出该怎么走。

4 当顺利地走出迷宫时，妈妈应当高兴地夸奖宝宝。

◎ 对宝宝的益处

宝宝和妈妈在玩这个游戏的时候，除了小狗迷路的这个故事能让宝宝产生同情心，有利于宝宝乐于助人的品格养成外，还很好地锻炼了宝宝的观察力及逻辑思维能力。

注意事项

妈妈在画迷宫的时候，不要太过于复杂，有一两条岔路即可。另外，所画的迷宫线路要容易看清。难度太大，宝宝总是找不到正确的路，会失去耐心，并对这一类型的游戏产生抗拒。

给树叶涂色

游戏道具	A4 纸若干张，彩笔若干支	游戏时间	白天	游戏场地	室内

☀ 游戏步骤

1 将 A4 纸放在茶几或矮桌上。

2 先在纸上画出树以及树叶的形状，引导宝宝，对宝宝说："这是大树，在春天树叶是什么颜色啊？"让宝宝从彩笔中选取相应的颜色，并进行涂色。

3 宝宝涂完色彩之后，接着画出类似的树与树叶的图形，对宝宝说："秋天到了，树叶又变成了什么颜色啊？"再次让宝宝在彩色笔中找到相应的颜色，进行涂色。

♥ 对宝宝的益处

　　此游戏可以锻炼宝宝手部的精细活动能力，让宝宝能够更好地控制手部的动作。另外，在妈妈不断的引导中，宝宝会对自然界的四季变化有一个较好的认知。

注意事项

在涂色的过程中，宝宝很容易将颜色涂在树叶轮廓的外面。此时，妈妈应当在一旁予以提醒，让宝宝在涂色的过程中尽量将颜色涂到相应的轮廓内。

● 在涂色的过程中，要注意宝宝的动作，防止笔尖戳到宝宝，或者是宝宝咬笔。

这样玩　孩子智商高　情商高

174

快乐的认字游戏

游戏道具	废旧报纸，剪刀	游戏时间	白天	游戏场地	室内

☼ 游戏步骤

1 从废报纸中将宝宝所认知的一些字剪下来，剪成小方块。

2 将剪下来的字一个个地拿给宝宝辨认，宝宝说对后，将字给宝宝。

⦿ 对宝宝的益处

2~3岁的宝宝有了一定的认知能力，会有意识地去记忆一些汉字。在日常生活中潜移默化地教会宝宝认识一些汉字后，做像这样的识字游戏，不仅仅能强化宝宝的记忆，还能增强宝宝的识字兴趣，为今后的学习奠定良好的基础。

注意事项

在游戏之前，妈妈要有意识地让宝宝认识一些简单的汉字，例如牵着宝宝的手，走在路上看到有标识牌，上面有一些简单的字，可以问："宝宝，这是什么字？"当宝宝不认识的时候，告诉他，下次再看到相同的字后问宝宝，日积月累，宝宝在不知不觉中便会认识不少的汉字。

水的转移

手肌肉的灵活性的训练，自信心和专注力的培养

游戏道具	两个相同的碗，一杯水，一块海棉	游戏时间	在宝宝精神状态较好的时候	游戏场地	室内，小桌上

游戏步骤

1 将两个碗并排放在小桌上。宝宝站在桌子旁边，面对着盘子。

2 妈妈将水杯中的水倒入其中一个盘子中，注意不要倒得太满。

3 让宝宝右手拿起海棉放到装水的碗里，等待海棉吸水。同时可以引导宝宝说"吸水"。

4 用两只手握住海绵，拉出水面，稍作停顿，将水沥干。

5 将海绵移动到空碗上空，双手挤压海绵，将水挤到空碗里。同时可以引导宝宝说"拧"或"挤"。

对宝宝的益处

这个游戏有利于宝宝增强手眼协调能力，提高动作控制能力，锻炼生活自理能力，加强手部肌肉力量。同时，让宝宝通过自己操作，了解更多水的存在形式、转移方法等，对宝宝的独立性、专注力、自信心和逻辑思维能力的培养也有益处。

注意事项

- 挤压吸足水的海绵的力度应由小到大。
- 若有水滴在小桌上，应引导幼儿用海绵把水吸干。

这样玩 孩子智商高 情商高

切鸡蛋分享

游戏道具	带壳熟鸡蛋1个，2个小盘，切鸡蛋器1个，托盘1个，食物夹子1个	游戏时间	白天	游戏场地	室内，小桌上

☼ 游戏步骤

1 先把鸡蛋放入一个盘子中，然后把所有的道具摆放在托盘上。让宝宝站在桌子面前。

2 引导宝宝拿起鸡蛋轻轻磕开、剥皮，剥掉的蛋皮放在刚刚装鸡蛋的盘子里。

3 剥好后，引导宝宝将鸡蛋放在切鸡蛋器上，再将钢丝线刀压下。

4 让宝宝用食物夹子将鸡蛋片夹到空盘子中，再夹给爸爸、妈妈食用。

扫一扫，看视频

▽ 对宝宝的益处

该游戏可以锻炼宝宝对小手力度的控制能力、手眼协调性、肌肉运动的调整，有助于宝宝独立性、生活自理能力的培养，并让宝宝体会分享的快乐，有助于提高宝宝的情商。

注意事项

- 家长一定要先做一遍正确的示范动作，示范过程中把注意事项和孩子一一交代。
- 要注意孩子使用切鸡蛋器时的安全。

第七章 妈妈与2～3岁宝宝一起玩的游戏

用夹子夹汤圆

平衡感、专注力、独立性的培养

游戏道具	纸巾 5~6 片，空碗 2 个，食物夹子 1 个，托盘 1 个	游戏时间	白天	游戏场地	室内，垫子上

☀ 游戏步骤

1 妈妈将道具放在托盘中，其中两个空碗并排放置，引导宝宝过来坐下。

2 让宝宝将纸巾揉成"汤圆"，放入一个碗中。

3 引导宝宝用夹子把"汤圆"夹到另一个碗中。

🛡 对宝宝的益处

　　让宝宝用夹子夹东西，可以较好地锻炼宝宝的平衡感和专心致志地工作。一方面锻炼宝宝小手肌肉动作的灵活性，另一方面可以培养宝宝的专注力、独立性。

注意事项

　　将纸巾揉成"汤圆"时，宝宝的小手力量不够，妈妈可以帮助宝宝揉得紧实一些。

• 宝宝夹"汤圆"的过程中，可能会散漫不集中，妈妈要在旁边鼓励和督促他："宝宝加油，你要完成你的工作哦！"

小勺接泡泡

视觉追踪能力、
身体协调能力的训练

游戏道具	泡泡水 1 瓶，塑料小勺 1 个	游戏时间	白天	游戏场地	室外，空场地或草坪

☀ 游戏步骤

1 妈妈吹泡泡，一下接一下地吹。

2 引导宝宝用小勺去接飞舞的泡泡。还可以引导宝宝用手抓、用手指点戳、两指捏、两手拍、小脚踢泡泡等。

♡ 对宝宝的益处

　　雨点般飘舞的泡泡会让宝宝非常着迷。宝宝追泡泡、接泡泡，可以促进宝宝手眼协调能力及四肢协调能力的发展，刺激他的感官，培养他的身体协调性。追赶泡泡，可以锻炼宝宝的大运动能力。游戏时家长和宝宝的互动也会促进宝宝语言的发展。

注意事项

- 游戏前，务必将场地清理干净，避免场地中有小石块等残留。
- 可以准备一块毛巾，如果泡泡落到宝宝脸上，随时给他擦拭。

沙中找宝

好奇心和探索欲望的启发

游戏道具	玩具沙1盒，小玩具若干，小筛子一个	游戏时间	白天	游戏场地	室内，桌子上

☼ 游戏步骤

1 妈妈将玩具埋进沙子里，对宝宝说："我们的玩具被埋在沙子里了，不见了，快把它找出来吧！"

2 妈妈先做示范，拿起筛子向沙子里做捞的动作，然后引导宝宝在沙子中捞出玩具。

3 宝宝捞出一个玩具后，妈妈给予夸奖，并说："看看沙子里面还有吗？"引导宝宝继续捞玩具。

♡ 对宝宝的益处

此游戏有利于启发宝宝的好奇心和探索欲望，锻炼宝宝手腕灵活度。同时让宝宝在游戏中获得成就感和自信心。

注意事项

当宝宝捞起一个玩具时，妈妈要提醒宝宝将筛子中的沙子控干净之后，再将玩具放在桌子上，以免沙子被扬得到处都是。

扫一扫，看视频

钥匙开锁

视觉追踪能力、
身体协调能力的训练

游戏道具	大小不一的钥匙和锁头	游戏时间	白天	游戏场地	室内，垫子上

☀ 游戏步骤

1 拿出大小不同的锁头，让宝宝观察大小。

2 拿出钥匙，家长示范，把小钥匙放大锁里打不开，"锁头太大了，钥匙太小了，打不开"，再试对应的锁头，通过转动打开锁。

3 让宝宝自己操作，妈妈可以语言跟进。

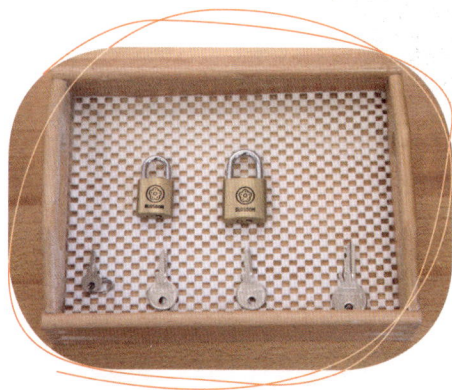

▽ 对宝宝的益处

通过锻炼宝宝对锁头大小的认知和大小对应的认知，提高宝宝的观察能力；钥匙的插入和转动等动作，锻炼宝宝手腕灵活性和小手控制能力，同时提高宝宝逻辑思维能力。

注意事项

家长要注意耐心地鼓励和示范，这样才能有效地让宝宝充满信心和耐心地完成。